中华人民共和国行业推荐性标准

季节性冻土地区公路设计与施工技术规范

Technical Specifications for Design and Construction of Highway in Seasonal Frozen Soil Region

JTG/T D31-06—2017

主编单位：吉林省交通运输厅
批准部门：中华人民共和国交通运输部
实施日期：2017 年 09 月 01 日

人民交通出版社股份有限公司

图书在版编目（CIP）数据

季节性冻土地区公路设计与施工技术规范：JTG/T D31-06—2017／吉林省交通运输厅主编. —北京：人民交通出版社股份有限公司，2017.7

ISBN 978-7-114-13981-9

Ⅰ.①季… Ⅱ.①吉… Ⅲ.①冻土区—道路工程—设计规范—中国②冻土区—道路施工—技术规范—中国 Ⅳ.①U419.92-65

中国版本图书馆CIP数据核字（2017）第157597号

标准类型：	中华人民共和国行业推荐性标准
标准名称：	季节性冻土地区公路设计与施工技术规范
标准编号：	JTG/T D31-06—2017
主编单位：	吉林省交通运输厅
责任编辑：	李 农
出版发行：	人民交通出版社股份有限公司
地　　址：	（100011）北京市朝阳区安定门外外馆斜街3号
网　　址：	http://www.ccpress.com.cn
销售电话：	（010）59757973
总 经 销：	人民交通出版社股份有限公司发行部
经　　销：	各地新华书店
印　　刷：	北京市密东印刷有限公司
开　　本：	880×1230　1/16
印　　张：	5.75
字　　数：	125千
版　　次：	2017年7月　第1版
印　　次：	2020年4月　第2次印刷
书　　号：	ISBN 978-7-114-13981-9
定　　价：	45.00元

（有印刷、装订质量问题的图书，由本公司负责调换）

中华人民共和国交通运输部
公 告

第 14 号

交通运输部关于发布《季节性冻土地区公路设计与施工技术规范》的公告

现发布《季节性冻土地区公路设计与施工技术规范》（JTG/T D31-06—2017），作为公路工程行业标准，自2017年9月1日起施行。

《季节性冻土地区公路设计与施工技术规范》（JTG/T D31-06—2017）由吉林省交通运输厅主持编制。标准的管理权和解释权归交通运输部，日常管理和解释工作由吉林省交通运输厅负责。

请各有关单位注意在实践中总结经验，及时将发现的问题和修改建议函告吉林省交通运输厅（地址：吉林省长春市解放大路2518号，邮政编码：130012），以便修订时研用。

特此公告

中华人民共和国交通运输部
2017年4月19日

交通运输部办公厅　　　　　　　　　　　　　　2017年4月20日印发

前　言

根据交通运输部厅公路字〔2012〕184号《关于下达2012年度公路工程标准制修订项目计划的通知》的要求，吉林省交通运输厅承担《公路工程抗冻设计与施工技术规范》的制定工作。

本规范编写过程中，编写组对季节性冻土地区公路工程冻害进行了广泛的调研，全面总结了季节性冻土地区公路工程抗冻设计与施工的实践经验，充分吸纳了近年来国内外先进的研究成果和成熟技术，针对抗冻设计与施工方面的主要问题开展了专题研究工作；在《公路工程抗冻设计与施工技术指南》（交公便字〔2006〕02号）的基础上，编写了本规范，对季节性冻土地区公路工程抗冻设计与施工做出了全面的规定，并将标准名称改为《季节性冻土地区公路设计与施工技术规范》（简称"本规范"）。

本规范共分8章、5个附录，主要内容包括：1 总则；2 术语和符号；3 基本资料调查；4 抗冻水泥混凝土和抗冻水泥砂浆技术要求；5 路基设计与施工；6 路面设计与施工；7 桥梁和涵洞设计与施工；8 隧道设计与施工；附录A 气象资料；附录B 沥青混合料抗冻性试验；附录C 沥青与集料的低温黏结性试验；附录D 引气水泥混凝土和引气水泥砂浆配合比设计；附录E 现场水泥混凝土拌合物含气量试验（体积密度法）。

本规范由冷曦晨起草第1章，侯相琛起草第2章，王彩霞、陈志国、张冬青起草第3章，葛勇、陈东丰起草第4章，陈志国、闫秋波起草第5章，冯德成、陈志国、李晓民起草第6章，郑继光、王潮海起草第7章，王潮海、郑继光起草第8章。

各有关单位在执行过程中，如有问题和意见，请函告本规范日常管理组，联系人：王潮海（地址：长春市解放大路2518号，吉林省交通运输厅，邮编：130012，电话：0431-85097733，邮箱：jlsjttkjc@163.com），以便下次修订时参考。

主 编 单 位：吉林省交通运输厅
参 编 单 位：吉林省交通科学研究所
　　　　　　 哈尔滨工业大学
　　　　　　 甘肃省交通规划勘察设计院有限责任公司

主　　　　编：冷曦晨
主要参编人员：王潮海　陈志国　冯德成　王彩霞　葛　勇　郑继光
　　　　　　　侯相琛　陈东丰　闫秋波　张冬青　李晓民
主　　　　审：汪双杰

目　次

1 总则 ………………………………………………………………………… 1
2 术语和符号 ………………………………………………………………… 2
　2.1 术语 …………………………………………………………………… 2
　2.2 符号 …………………………………………………………………… 4
3 基本资料调查 ……………………………………………………………… 6
　3.1 一般规定 ……………………………………………………………… 6
　3.2 气象资料调查 ………………………………………………………… 6
　3.3 水文和地质资料调查 ………………………………………………… 8
　3.4 既有工程冻害资料调查 ……………………………………………… 9
　3.5 改扩建工程资料调查 ………………………………………………… 9
4 抗冻水泥混凝土和抗冻水泥砂浆技术要求 …………………………… 10
　4.1 一般规定 ……………………………………………………………… 10
　4.2 水泥混凝土冻融环境等级的确定 …………………………………… 10
　4.3 水泥混凝土的抗冻等级及技术要求 ………………………………… 11
　4.4 原材料技术要求 ……………………………………………………… 15
　4.5 引气水泥混凝土和引气水泥砂浆的施工技术要求 ………………… 19
5 路基设计与施工 …………………………………………………………… 21
　5.1 一般规定 ……………………………………………………………… 21
　5.2 路基抗冻设计指标 …………………………………………………… 22
　5.3 冰冻条件下路基临界高度 …………………………………………… 25
　5.4 路基填料选择 ………………………………………………………… 28
　5.5 路基压实要求 ………………………………………………………… 28
　5.6 路基排水设计 ………………………………………………………… 29
　5.7 涎流冰路段路基设计 ………………………………………………… 31
　5.8 路基防护与支挡 ……………………………………………………… 32
　5.9 改扩建路基设计 ……………………………………………………… 34
　5.10 路基施工 …………………………………………………………… 34
6 路面设计与施工 …………………………………………………………… 36
　6.1 一般规定 ……………………………………………………………… 36
　6.2 原材料技术要求 ……………………………………………………… 36
　6.3 结构层技术要求 ……………………………………………………… 38

  6.4 沥青面层低温抗裂设计 39
  6.5 路面最小防冻厚度的确定 40
  6.6 路面排水设计 41
  6.7 桥面沥青铺装层 41
  6.8 路面施工 42

7 桥梁和涵洞设计与施工 44
  7.1 一般规定 44
  7.2 桥梁和涵洞基础埋深 44
  7.3 桥梁和涵洞抗冻构造 46
  7.4 桥梁和涵洞抗冻材料要求 47
  7.5 结构抗冻计算 48
  7.6 桥梁和涵洞施工 50

8 隧道设计与施工 52
  8.1 一般规定 52
  8.2 隧道抗冻设防等级 53
  8.3 抗冻保温构造 55
  8.4 衬砌结构抗冻设计 57
  8.5 防水和排水设计 59
  8.6 保温层施工 61

附录A 气象资料 63
附录B 沥青混合料抗冻性试验 68
附录C 沥青与集料的低温黏结性试验 71
附录D 引气水泥混凝土和引气水泥砂浆配合比设计 74
附录E 现场水泥混凝土拌合物含气量试验（体积密度法） 78
本规范用词用语说明 81

1 总则

1.0.1 为适应季节性冻土地区公路建设的需要，指导季节性冻土地区公路工程设计与施工，制定本规范。

1.0.2 本规范适用于季节性冻土地区二级及二级以上公路新建与改扩建工程的设计与施工。

1.0.3 季节性冻土地区公路工程应具有足够的冰冻稳定性与抗冻耐久性，工程建设的各阶段工作均应考虑冰冻作用对工程的不利影响。

1.0.4 公路工程抗冻设计与施工应遵循以防为主、防治结合的原则，借鉴已有工程的冻害防治经验，因地制宜、就地取材，采用技术成熟、经济合理的工程方案和措施。

1.0.5 公路工程抗冻设计与施工应贯彻国家有关技术经济政策，积极稳妥地采用新技术、新材料、新结构和新工艺。

1.0.6 季节性冻土地区公路工程抗冻设计与施工除应符合本规范的规定外，尚应符合国家和行业现行有关标准的规定。

2 术语和符号

2.1 术语

2.1.1 季节性冻土地区 seasonal frozen region

地表层土冬季冻结、夏季全部融化的土称为季节性冻土，其所在地区称为季节性冻土地区。

2.1.2 冻结指数 freezing index

某年的冻结指数为该年内日平均温度中的负温度累计值。日平均温度为每日的2时、8时、14时和20时4个时刻的气温平均值。本规范所用冻结指数为工程所在地不少于10年的冻结指数最大值。

2.1.3 季节性冻土分区 seasonal frozen regionalization

表征气象条件对公路工程冻害的影响程度，以冻结指数为指标对季节性冻土地区进行的区划，分为重冻区、中冻区、轻冻区。

2.1.4 标准冻深 standard frost depth

在空旷野外、地表裸露平坦的不冻胀性黏性土冻深观测站，实测不少于10年的年最大冻深的平均值。

2.1.5 道路冻深 frost depth of road

道路横断面中从路面表面最低点到最大冻深线处不包括冻胀量的冻结厚度。

2.1.6 道路多年最大冻深 multi-year maximum frost depth of road

路基路面抗冻设计时，根据标准冻深、路基湿度状态、路基断面形式、路基和路面材料的热物性计算确定的道路冻深最大值。

2.1.7 全冻路堤 full-frost embankment

路基填筑高度内冬季路基土全部冻结的路堤。

2.1.8 非全冻路堤 partial-frost embankment

路基填筑高度内冬季路基土未全部冻结的路堤。

2.1.9 路基冻胀量 heave of subgrade

路面横断面宽度内各测点的冻胀量平均值。

2.1.10 土的冻胀率 frost heave ratio of soil

试件土体的冻胀量与其冻结厚度的比值,以百分率表示。

2.1.11 路面防冻层 frost protection layer of pavement

路面结构中按防冻要求所设置的功能层。

2.1.12 土的冻胀等级 frost heave grade of soil

表征季节性冻土在一定的含水率及冰冻条件下的冻胀特性,分为不冻胀、弱冻胀、冻胀、强冻胀和特强冻胀 5 个冻胀等级,分别以Ⅰ、Ⅱ、Ⅲ、Ⅳ、Ⅴ表示。

2.1.13 沥青路面低温设计温度 minimum design temperature for asphalt pavement

沥青路面低温抗裂设计采用的不少于 10 年的年最低气温的平均值。

2.1.14 水泥混凝土年有害冻融循环次数 annual harmful freeze-thaw cycles for cement concrete

水泥混凝土在一年内当日最低地表温度小于或等于 -6℃且最高地表温度大于 0℃的天数。

2.1.15 冻融环境等级 freeze-thaw grade of environment

表征水泥混凝土结构在冰冻气候条件和化学腐蚀环境等综合影响下的冻害严重程度,分为 7 个等级,分别以 D1、D2、D3、D4、D5、D6、D7 表示。

2.1.16 水泥混凝土抗冻等级 frost-resistant grade of cement concrete

表征水泥混凝土在标准试验条件下抵抗反复冻融破坏的能力,分为 8 个等级,分别以 F100、F150、F200、F250、F300、F350、F400、F450 表示。

2.1.17 桥涵基础设计冻深 design frost depth of bridge and culvert

根据工程所在地的标准冻深、地基土的类别及冻胀性、地形坡向等环境因素计算确定的桥梁与涵洞基础冻深最大值。

2.1.18 冻胀力 frost-heaving force

土体冻胀受到约束时产生的作用力,以切向冻胀力、法向冻胀力和水平向冻胀力表示。

2.1.19 隧道防冻保温层 antifreezing and insulating layer of tunnel

设置于支护与衬砌混凝土之间或衬砌混凝土外表面起到保温作用的构造层。

2.2 符号

2.2.1 作用与作用效应

T_k——对基础的切向冻胀力标准值；

z_j——路基冻胀量；

z_y——路基容许冻胀量；

σ_a——季节性冻土的单位面积水平冻胀力；

τ_{sk}——季节性冻土单位面积切向冻胀力标准值。

2.2.2 物理和力学性质参数

CI——沥青路面低温开裂指数；

E_0——平衡湿度状态下路基回弹模量设计值；

F——冻结指数；

M_R——标准状态下路基回弹模量值；

S_t——沥青劲度模量值；

T_{PAV}——沥青路面低温设计温度；

w_0——起始冻胀含水率；

η——土的冻胀率。

2.2.3 几何参数

A_s——融化层中基础的侧面面积；

d_{min}——基底最小埋置深度；

H_p——边坡融滑土层厚度；

h_f——土质路基冰冻临界高度；

h_m——土体冻结过程中地下水上升高度；

l_i——冻结线以下各土层的厚度；

u——在季节性冻土层中，基础和墩身的平均周长；

Z_d——设计冻深；

Z_0——标准冻深；

Z_{max}——道路多年最大冻深；

$Z_s(x)$——隧道设计断面 x 处的围岩冻结深度。

2.2.4 系数

F_s——抗融滑稳定系数；

K_s——路基回弹模量湿度调整系数；
K_η——季节性冻土地区路基土回弹模量冻融循环折减系数；
k——冻胀力修正系数；
k_λ——冻结深度系数；
n_T——标准冻深修正系数。

3 基本资料调查

3.1 一般规定

3.1.1 季节性冻土地区公路工程应根据不同工作阶段的需要收集和调查相关资料，及当地既有工程的冻害资料和相应的冻害防治经验。

3.1.2 可行性研究阶段应调查区域的气象、地形地貌、水文、地质等资料，重点调查当地的冻土深度及强冻胀土、岛状冻土、雪害等分布范围及对工程方案的影响。

3.1.3 初步勘察阶段应查明公路沿线水文条件、地质条件，冻结指数、标准冻深，以及涎流冰等特殊冻害，提出抗冻设计方案。

3.1.4 详细勘察阶段应在初步勘察的基础上，通过进一步勘察和试验查明沿线地基及路基填料的冻胀特性，并确定路基、路面、桥梁、涵洞及隧道等设施抗冻设计所需的设计参数。

3.1.5 施工阶段应核查施工图抗冻设计中相关的基础资料，不符合实际情况时应及时调整设计。

3.2 气象资料调查

3.2.1 设计前应收集冻结指数。无调查资料时，冻结指数可根据调查的气温资料按式（3.2.1）计算确定。无调查资料时，气温可参考附录图 A-1 或表 A-1 确定。

$$F = \sum_{i=1}^{n} |t_i| \tag{3.2.1}$$

式中：F——冻结指数（℃·d）；
t_i——日平均负温度值（℃·d）；
n——计算年日平均温度为负温度值出现的天数。

3.2.2 应根据冻结指数按表 3.2.2 确定工程所在地冻土分区。

表 3.2.2 季节性冻土区划分表

冻区划分	重冻区	中冻区	轻冻区
冻结指数 F（℃·d）	$F \geq 2\,000$	$800 \leq F < 2\,000$	$50 < F < 800$

条文说明

季节性冻土地区约占我国国土面积的 53.5%，各地区冰冻程度不一，公路路基、路面、桥涵及隧道构造物冻害形式和冻害程度各异。本规范根据公路工程抗冻要求，结合近 10 年的冻结指数及冻深调查结果，对季节性冻土区进行了区划。冻区划分方法如下：

重冻区：当冻结指数为 2 000℃·d 时，标准冻深平均为 1.5～1.7m，路基冻深范围在 1.3～1.5m，路基填料选用冻胀率较小（为 2%～3%）的填料，路基产生的冻胀量为 30～40mm，满足路基容许总冻胀量的要求。当冻结指数大于 2 000℃·d 时，冻深增加，这时即使路基选用冻胀率较小的填料，路基冻胀量也大于路基容许冻胀量，这种情况下要求对路基填料及路面结构进行抗冻设计。基于以上原因，把 $F \geq 2\,000$℃·d 的地区划为重冻区。

中冻区：当冻结指数为 800℃·d 时，标准冻深平均值为 0.9～1.1m，路基冻深范围在 0.5～0.7m，路基填料选择冻胀率较大（为 5%）的填料，路基产生的冻胀量为 25～38mm，满足路基容许总冻胀量的要求。当冻结指数大于 800℃·d 时，冻深增加，选择冻胀率大的填料，路基冻胀量超出容许值。所以，当 800℃·d $\leq F <$ 2 000℃·d 时，只需对路基填料进行选择，控制冻胀率，就能满足路基容许冻胀量的要求。因此，把 800℃·d $\leq F <$ 2 000℃·d 的冻土区划为中冻区。

轻冻区：冻结指数小于 800℃·d 的地区，路基冻深小于 0.7m，路基填料即使选择冻胀率稍大（为 5%～6%）的材料，冻胀量也很小，该地区路面及公路构造物在冬季产生的冻害也较轻。所以，把 50℃·d $< F <$ 800℃·d 的地区划为轻冻区。

3.2.3 轻冻区应重点调查标准冻深、年最低气温、最冷月平均气温、冻前的降雨量和降雪量等资料，以及调查不少于 30 年的水泥混凝土年有害冻融循环次数。中冻区、重冻区尚应调查地形和坡向等环境因素对冻深的影响、降温速率等资料。

3.2.4 无调查资料时，标准冻深可参考附录图 A-2 确定。

3.2.5 水泥混凝土年有害冻融循环次数的平均值应按式（3.2.5）计算。当缺乏气象资料时，可参考附录表 A-1 的相近站点资料确定。

$$n_m = \frac{1}{n}\sum_{i=1}^{n} n_i \tag{3.2.5}$$

式中：n_m——水泥混凝土年有害冻融循环次数的多年平均值（次/年），当最冷月平均

气温低于 -10℃时,如计算得到的年有害冻融循环次数不足60,按60次计;

n_i——水泥混凝土第 i 年有害冻融循环次数(次/年),$i = 1 \sim n$。

条文说明

南京水利科学研究院、天津港湾研究院、中国水利科学研究院等单位及本规范的专题研究结果表明,混凝土孔隙中水的冰点为 -2℃。哈尔滨工业大学、中国水利科学研究院的研究表明,在 -5℃以上时冻融对混凝土的损害很小,故将 -5℃称为混凝土的有害冻结温度。地表温度(即零厘米地温)与混凝土表面温度存在差异,经专题实测,此差值约为1.0℃,即混凝土表面的 -2℃和 -5℃相当于地表温度 -3℃、-6℃。零厘米地温的测量分为人工测量与自动测量,自动测量因温度测头在冬季可能被冰雪覆盖,此时所测温度为冰雪一定深度处的温度,而非表面温度,故本规范采用人工测量的零厘米地温。

3.3 水文和地质资料调查

3.3.1 中冻区、重冻区水文调查及水文地质勘察应查明冻前地表水的分布及水位变化情况、地下水位及波动范围、涎流冰规模、地下水出露情况等。

3.3.2 工程地质勘察应按下列要求确定地基土、路基土的岩土类型及冻胀特性:

1 对地基土和拟用取土场的土进行颗粒分析,试验确定冻前天然含水率、液限、塑限、天然密度等指标,明确土的类型。

2 试验确定土的冻胀特性,对粒径小于0.075mm的颗粒含量超过15%的路基土应测定其冻胀率,试验方法应符合现行《公路土工试验规程》(JTG E40)中 T 0187 的规定。无条件实测时,冻胀率可按式(3.3.2)计算:

$$\eta = (w - w_0) \times \lambda + 1 \quad (3.3.2)$$

式中:η——土的冻胀率(%);

w——路基土冻前含水率(%);

w_0——起始冻胀含水率(%),可取 $(0.80 \sim 0.84) \times w_P$($w_P$ 为塑限)或参考表3.3.2选用;

λ——系数,黏质土、粉质土及黏土质砂取0.25,细粒土质砾、粉土质砂取0.28。

表3.3.2 不同土质的起始冻胀含水率

土名	黏质土	粉质土	黏土质砂	细粒土质砾、粉土质砂	含细粒土砾
起始冻胀含水率 w_0(%)	12~17	10~14	9~11	8~10	6~8

3.4 既有工程冻害资料调查

3.4.1 季节性冻土地区公路工程设计应按下列要求调查公路所在区域既有工程的冻害资料和冻害防治措施：

1 调查已有路基的冻胀、融沉变形、翻浆、边坡融滑、涎流冰等常见冻害，调查防护和排水设施的冻害情况。

2 调查沥青路面的冻胀和开裂、松散、沉陷等；调查水泥混凝土路面的冻胀、错台、裂缝、表面脱皮等。

3 调查桥梁的基础冻胀和融沉、桩基冻拔、翼墙开裂、上部结构冻害、附属设施冻害等。

4 调查隧道衬砌的开裂与破碎、衬砌的漏水与挂冰、路面积水与结冰、洞口挂冰与仰坡热融滑塌、排水设施出水口积水与结冰等冻害情况。

5 调查工程所采取的冻害防治措施及使用效果。

3.4.2 应调查融雪剂对路面、桥梁、隧道等工程结构与材料的腐蚀情况。

3.5 改扩建工程资料调查

3.5.1 改扩建工程除应按本规范第3.4.1条的有关规定调查既有公路的冻害资料外，尚应调查冻害位置、分布区段、类型、损害程度以及冻害防治措施的有效性。

3.5.2 对冻害严重的路段，应通过勘探、测试等查明水文及地质情况、路基土质及含水率，分析冻害的产生原因及发展规律。对冻害严重的构造物，尚应分析其结构形式及材料抗冻特性等的影响。

3.5.3 既有路基有明显冻胀路段应分段进行冻胀观测，绘制冻胀曲线，计算冻胀量。

3.5.4 应分段进行路面各结构层材料的取样和冻融试验，按本规范附录B与现行《公路工程无机结合料稳定材料试验规程》（JTG E51）中 T 0858 评价其抗冻性能，确定利用方式。

4 抗冻水泥混凝土和抗冻水泥砂浆技术要求

4.1 一般规定

4.1.1 季节性冻土地区公路工程应采用抗冻水泥混凝土和抗冻水泥砂浆。

4.1.2 抗冻水泥混凝土和抗冻水泥砂浆宜采用引气水泥混凝土和引气水泥砂浆，也可采用能够保证抗冻性的其他水泥混凝土和水泥砂浆。

4.1.3 抗冻水泥混凝土和抗冻水泥砂浆配合比应根据所在地区环境条件、工程特点，并结合原材料情况进行设计。

条文说明

对 C60 以下的水泥混凝土，适量的引气是目前提高水泥混凝土抗冻性较为经济有效的措施。

引气除可以提高水泥混凝土的抗冻性（包括抗盐冻性）、耐腐蚀性等耐久性外，还可以提高水泥混凝土的抗弯强度，有利于水泥混凝土的韧性，但单纯引气对水泥混凝土的弹性模量和徐变有不利影响。

4.2 水泥混凝土冻融环境等级的确定

4.2.1 水泥混凝土的冻融环境等级应根据环境条件按表4.2.1确定。

表4.2.1 水泥混凝土的冻融环境等级

水泥混凝土有害冻融循环次数（次/年）	无 盐 环 境		有 盐 环 境	
	中度饱水	高度饱水	中度饱水	高度饱水
<10	D1	D1	D2	D3
10~59	D1	D2	D3	D4
60~120	D3	D4	D5	D6
121~180	D4	D5	D6	D7
>180	D5	D6	D7	D7

注：1. 偶尔浸水的水泥混凝土构件，其冻融环境等级可按表4.2.1中度饱水的规定适当降低，但降低后的冻融

环境等级不应低于 D1。
2. 有盐环境是指冻结的水中含有盐，包括海水、盐渍土或其他含有氯化物的环境，以及使用有机、无机类除冰盐环境。
3. 位于冻深线以上土中的水泥混凝土构件，其冻融环境等级可根据当地实际情况和经验适当降低，但降低后的冻融环境等级不应低于 D1。
4. 本表适用于阳光可经常照射的水泥混凝土构件，对阳光较少照射或照射不到的水泥混凝土构件，冻融环境等级可按表 4.2.1 的规定适当降低，但降低后的冻融环境等级不应低于 D1。

条文说明

冻融环境等级与冻融循环次数、饱水程度、冻结温度、是否含有氯盐等有关。水泥混凝土的饱水程度与入冬前和入冬后的降水量密切相关，同一构件处于不同的地区时饱水程度可能相差较大。饱水程度根据工程所在地受冻期间的降水量多少、部位等来确定。常见公路工程水泥混凝土构件的饱水程度示例见表 4-1。中度饱水指冰冻前偶尔受水或受潮，水泥混凝土内饱水程度不高。高度饱水指冰冻前长期或频繁接触水或润湿土体，水泥混凝土内饱水程度高。

表 4-1 公路工程水泥混凝土构件的饱水程度示例

冻融条件	饱水状态	结构构件
无盐	中度饱水	非水中的竖向构件、偶尔受渗漏影响的构件、干旱地区的水平构件
	高度饱水	水平构件、水位变化区的竖向构件、受渗漏影响严重的构件
有盐	中度饱水	受氯盐作用的非水中的竖向构件、偶尔受渗漏影响的构件、干旱地区的水平构件
	高度饱水	受氯盐作用的水平构件，潮汐区、浪溅区的竖向构件，受渗漏影响严重的构件

本规范中冻融环境等级是依据各地地表受到的有害冻融循环次数划分的。专题对水泥混凝土结构的冻害状况调研情况结果表明，河北北部、北京、辽宁、吉林等地的冻害较为严重，而黑龙江、内蒙古东部等严寒地区的冻害则相对较轻。主要原因是黑龙江、内蒙古东部等严寒地区，由于冬季气温较低，长期处于冻结状态，冻融循环次数相对较少，冻害相对较轻，因此冻融循环次数引起的冻害大于冻结温度。故本规范采用有害冻融循环次数来划分水泥混凝土的冻融环境等级。

对阳光较少照射或照射不到的水泥混凝土构件，如隧道衬砌用喷射水泥混凝土等，其受到的冻融循环次数远低于外露表面，故其冻融环境等级适当降低。

4.3 水泥混凝土的抗冻等级及技术要求

4.3.1 水泥混凝土的抗冻等级应满足下列要求：

1 水泥混凝土的抗冻等级应根据水泥混凝土结构所处冻融环境等级和结构设计使用年限按表 4.3.1 确定。

2 对直接经受盐冻的水泥混凝土尚应进行盐冻试验，经过 30 次盐冻循环后，5 块试件的平均剥落量应小于 1.0kg/m^2。

表4.3.1 水泥混凝土的抗冻等级要求

冻融环境等级	结构水泥混凝土			路面水泥混凝土
	设计使用年限（年）			
	100	50	30	30
D1	F200	F150	F100	F200
D2	F250	F200	F150	F200
D3	F300	F250	F200	F200
D4	F350	F300	F250	F250
D5	F400	F350	F300	F300
D6	F450	F400	F350	F350
D7	F450	F450	F400	F400

注：1. 水泥混凝土抗冻性采用快速冻融试验方法测试，按《公路工程水泥及水泥混凝土试验规程》（JTG E30—2005）中 T 0565 进行，但冻融循环次数按本表规定执行。
2. 设计使用年限小于30年的以30年计。

条文说明

《公路工程水泥及水泥混凝土试验规程》（JTG E30—2005）中 T 0565 的4.7第一款规定达到300次即停止冻融循环试验，而本规范表4.3.1最高抗冻等级为450次，所以本规范规定冻融循环次数按表4.3.1执行。此处冻融试验未使用《普通混凝土长期性能和耐久性能试验方法标准》（GB/T 50082—2009）的方法，原因是该国标规定在放置控温传感器的橡胶筒内盛防冻液而不是水，由于防冻液的热容小，特别是没有水变冰、冰变水的相变热，导致试件的抗冻性试验结果偏高。

水泥混凝土盐冻试验按现行《公路工程水泥及水泥混凝土试验规程》（JTG E30）进行。

4.3.2 引气水泥混凝土的最低强度与最大水胶比应满足下列要求：

1 结构引气水泥混凝土的最低强度等级与最大水胶比应满足表4.3.2-1的要求。

表4.3.2-1 结构引气水泥混凝土的最低强度等级与最大水胶比

抗冻等级	设计使用年限（年）					
	100		50		30	
	最低强度等级	最大水胶比	最低强度等级	最大水胶比	最低强度等级	最大水胶比
F100	—	—	—	—		
F150	—	—				
F200	C_a35	0.50	C_a35	0.50	C_a30	0.55
F250	C_a40	0.45				
F300			C_a40	0.45		
F350	C_a45	0.40			C_a35	0.50
F400			C_a45	0.40		
F450	C_a50	0.36			C_a40	0.45

注：表中 C_a50 表示引气水泥混凝土的强度等级为50MPa，其余类推。

2 路面引气水泥混凝土的最低弯拉强度与最大水胶比应满足表4.3.2-2的要求。

表4.3.2-2 路面引气水泥混凝土最低弯拉强度与最大水胶比

抗冻等级	高速公路、一级公路			二级公路		
	最低弯拉强度（MPa）	最大水胶比		最低弯拉强度（MPa）	最大水胶比	
		无盐环境	有盐环境		无盐环境	有盐环境
F200～F400	5.0	0.42	0.40	4.5	0.44	0.42

3 设计使用年限小于30年的栏杆等可更换部件用结构水泥混凝土，最低强度等级与最大水胶比应满足设计使用年限为30年的要求。

条文说明

调查发现，栏杆等部位水泥混凝土冻融破坏严重，故本规范中该类混凝土的最低强度等级和最大水胶比按照表4.3.2-1中设计使用年限为30年进行控制。

4.3.3 引气水泥混凝土拌合物含气量与硬化水泥混凝土的气泡间距系数应满足表4.3.3的要求。

表4.3.3 引气水泥混凝土拌合物含气量与硬化水泥混凝土气泡间距系数要求

项 目	抗冻等级	强 度 等 级				弯拉强度（MPa）		
		C_a30	C_a40	C_a50	$\geq C_a60$	4.0	4.5	5.0
设计含气量（%）	F100	3.5	3.0	2.5	2.5	—	—	—
	F150	4.0	3.5	3.0	2.5	—	—	—
	F200	4.5	4.0	3.5	2.5	4.5	4.5	4.0
	F250	5.0	4.5	4.0	3.0	5.0	5.0	4.5
	F300	5.5	5.0	4.0	3.0	5.5	5.5	5.0
	F350	6.0	5.0	4.5	3.5	—	6.0	5.0
	F400	—	5.5	4.5	3.5	—	6.5	5.5
	F450	—	5.5	5.0	3.5	—	—	—
气泡间距系数（μm）	≤F150	≤320	≤350	≤370	≤390	—	—	—
	F200	≤300	≤330	≤350	≤370	≤300	≤310	≤330
	F250	≤280	≤300	≤330	≤350	≤280	≤290	≤300
	F300	≤260	≤280	≤310	≤330	≤260	≤270	≤280
	F350	≤240	≤260	≤290	≤310	—	≤250	≤260
	F400	—	≤230	≤260	≤290	—	≤220	≤230
	F450	—	≤210	≤240	≤270	—	—	—

注：1. 表中含气量对应于粗集料最大粒径为19mm或26.5mm时的数值。当粗集料最大粒径为9.5mm或16mm时，含气量应较表中数值增加0.5个百分点；当粗集料的最大粒径为31.5mm时，含气量可较表中数值减小0.5个百分点。
2. 表中含气量指现场入模前测得的水泥混凝土拌合物的含气量，含气量偏差应控制在-0.5%～+1.0%内。含气量的检测按现行《公路工程水泥及水泥混凝土试验规程》（JTG E30）中 T 0526—2005 进行。

条文说明

气泡间距系数与水泥混凝土的抗冻性密切相关,用于施工过程中水泥混凝土的抗冻性质量控制或实体工程抗冻性评价。气泡间距系数按《公路水泥混凝土路面施工技术细则》(JTG/T F30—2014)中附录B规定的方法测试。

与现行其他规范规定的含气量、气泡系数相比较,表4.3.3规定的含气量有所降低,而气泡间距系数有所增大。一方面是表中的含气量由出机口测定值改为浇筑现场测定值;另一方面哈尔滨工业大学、同济大学、中国水利水电科学研究院等的研究成果以及国外的最新研究成果表明,强度较高的混凝土在较低含气量下和较高气泡间距下即可获得良好的抗冻性。此外,采用本规范规定的引气剂,有助于提高混凝土拌合物含气量的稳定性、减少硬化混凝土的气泡间距系数。在确保抗冻性的前提下,适当降低含气量、增大气泡间距系数有利于保证中高强度引气混凝土的强度。

4.3.4 引气水泥混凝土单位体积的胶凝材料用量宜满足表4.3.4的要求。

表4.3.4 引气水泥混凝土单位体积的胶凝材料用量

强度等级		最小用量(kg/m³)		最大用量(kg/m³)
		无盐环境	有盐环境	
结构水泥混凝土强度等级	C_a30	280	300	420
	C_a35	300	320	
	C_a40	320	340	450
	C_a45	340	360	
	C_a50	360	380	480
	C_a55	380	380	500
路面水泥混凝土弯拉强度(MPa)	4.0	300	320	450
	4.5	310	330	
	5.0	320	340	

注:1. 表中数据适用于粗集料最大粒径为19mm的情况,粗集料最大粒径较大时宜适当降低胶凝材料用量,粗集料最大粒径较小时宜适当增加。
    2. 对强度等级达到C_a60的泵送水泥混凝土,胶凝材料最大用量可增大至530 kg/m³。

条文说明

适当的胶凝材料用量可以保证水泥混凝土的致密性,在一定程度上对水泥混凝土的抗冻性及耐久性有利,但胶凝材料用量过多会增大水泥混凝土的干缩、徐变,对水泥混凝土的抗裂性、耐久性均有不利影响。当不能满足最大胶凝材料用量限制时,需要采取改善粗、细集料的级配,减少针片状集料含量与含泥量,采用高性能减水剂等措施以减少胶凝材料用量。

4.3.5 引气水泥混凝土中浆体体积应满足表 4.3.5 的要求。

表 4.3.5 引气水泥混凝土中浆体体积要求

水泥混凝土强度等级	$C_a30 \sim C_a45$	$C_a50 \sim C_a60$
最大浆体体积（m³）	0.32	0.35

条文说明

浆体体积指 1m³ 水泥混凝土拌合物中浆体体积（含引气剂引入的气体体积）。适宜的浆体体积是水泥混凝土获得良好的和易性、强度、耐久性的基本保证；浆体体积过大，则硬化过程中水泥混凝土的体积变形大，易产生微裂纹，对水泥混凝土的耐久性不利。

4.3.6 引气水泥砂浆的抗冻等级、强度等级、胶砂比、水胶比、拌合物含气量应满足表 4.3.6 的要求。

表 4.3.6 引气水泥砂浆的技术要求

冻融环境等级	抗冻等级	最低强度等级	最小胶砂比		最大水胶比	拌合物含气量（%）
			无盐环境	有盐环境		
D1、D2	F100	M_a15	1:2.5	1:2.4	0.55	7~9
D3	F200	M_a20	1:2.4	1:2.3	0.50	8~10
D4、D5、D6、D7	F300	M_a25	1:2.3	1:2.2	0.45	9~11

注：1. 表中含气量指现场砌筑前测得的水泥砂浆拌合物的含气量，含气量偏差应控制在 -0.5% ~ +1.0% 内。
2. M_a15 表示引气水泥砂浆的强度等级为 15MPa，其余类推。
3. 表中胶砂比是指胶凝材料与砂的质量比。
4. 引气水泥砂浆的抗冻性试验采用快速冻融试验方法，按现行《公路工程水泥及水泥混凝土试验规程》（JTG E30）中水泥混凝土抗冻性试验方法（快冻法）T 0565 进行。
5. 引气水泥砂浆含气量的检测按现行《建筑砂浆基本性能试验方法标准》（JGJ/T 70）进行。

条文说明

对水泥砂浆，胶凝材料用量偏少或胶砂比偏小时虽然常常能够满足水泥砂浆的强度要求，但浆体不足以填充满砂粒间的空隙，硬化后水泥砂浆的密实性很差。限制引气水泥砂浆的最小胶砂比和最大水胶比是为了保证水泥砂浆的密实度，提高抗冻性。为减少引气水泥砂浆的水胶比与用水量，配制引气水泥砂浆时需要掺加适量减水剂。

限于目前的技术条件，配制抗冻等级大于 F300 且经济性合理的引气水泥砂浆较困难，故本规范对用于冻融环境等级为 D5、D6 和 D7 的引气水泥砂浆，抗冻等级均要求达到 F300。对此类环境下的水泥砂浆砌体需加强运营期养护，保证砌体结构的抗冻耐久性。

4.4 原材料技术要求

4.4.1 水泥应满足下列要求：

1 应采用旋窑生产的强度等级为42.5及其以上的硅酸盐类水泥。水泥混凝土路面不应采用火山灰质硅酸盐水泥。除冬季施工或其他有早强要求的工程外,不宜使用早强型水泥。

2 硅酸盐水泥、抗硫酸盐硅酸盐水泥的比表面积宜小于350m²/kg,其他水泥的80μm方孔筛筛余宜不大于10%且不小于2%。

3 氯盐环境与硫酸盐环境中,不得使用掺加石灰石粉的水泥。氯盐环境中不宜使用抗硫酸盐硅酸盐水泥。

4 各种水泥在进入水泥混凝土搅拌机前的温度不宜高于60℃,对高温季节施工的水泥混凝土路面、桥面混凝土铺装层、大体积水泥混凝土等水泥温度不宜高于50℃。

条文说明

石灰石粉对水泥混凝土的抗盐冻性能有不利影响,且在低温下可能引起碳硫硅钙石腐蚀。

抗硫酸盐硅酸盐水泥中的C_3A含量少,不利于对氯离子的吸收与固化,对钢筋防锈有不利影响。

4.4.2 活性矿物掺合料应满足下列要求:

1 水泥混凝土中掺加活性矿物掺合料时,可使用符合要求的硅灰、Ⅰ级或Ⅱ级低钙粉煤灰、磨细矿渣等。其中粉煤灰烧失量应满足表4.4.2-1的要求。对氯盐冻融环境与硫酸盐环境,活性矿物掺合料中不得含有石灰石粉。

表4.4.2-1 粉煤灰烧失量要求

水泥混凝土抗冻等级	≥F350	F200~F300	≤F150	试验方法
粉煤灰烧失量(%)	≤3	≤5	≤8	GB/T 176—2008

2 活性矿物掺合料宜2种或2种以上复合使用。硅灰用量不宜超过8%,且掺加硅灰时应掺加高效减水剂。

3 活性矿物掺合料的掺量应满足表4.4.2-2的要求。

表4.4.2-2 活性矿物掺合料的最大掺量(%)

冻融类别		无盐环境				有盐环境			
材料类别		预应力混凝土	非预应力混凝土	路面混凝土	砂浆	预应力混凝土	非预应力混凝土	路面混凝土	砂浆
水泥种类	P.O 42.5	30	30	25	60	25	25	20	55
	P.O 52.5	35	35	30	—	30	30	25	—
	P.Ⅰ52.5/P.Ⅱ52.5	45	45	35	—	40	40	30	—

注:1. 表中矿物掺合料的掺量指掺加的矿物掺合料占胶凝材料(水泥和矿物掺合料)总量的百分比。
　　2. 对水泥混凝土,当水胶比大于或等于0.45时,掺合料总量不宜超过15%。
　　3. 对大体积水泥混凝土,可较表中掺合料掺量增加15个百分点。

条文说明

适当掺加活性矿物掺合料可以减小水泥混凝土的水泥用量，降低水化温升，改善水泥混凝土的和易性，减小水泥混凝土的干缩变形与水化温升变形，提高水泥混凝土的抗渗性（特别是抗氯离子扩散）、耐腐蚀性等耐久性，有利于后期强度增长；但掺加量过多，会引起水泥混凝土的抗冻性下降，对钢筋的保护作用降低，并且早期强度下降较大。

粉煤灰的烧失量较大时不利于引气，且会增大拌和用水量以及受冻时水泥混凝土的水饱和程度，明显降低水泥混凝土的抗冻性，故对粉煤灰的烧失量进行较严格的控制。

4.4.3 粗集料应满足下列要求：

1 粗集料应满足表4.4.3的要求，且最大粒径不宜超过31.5mm。当最大粒径大于31.5mm时，应采用不少于3种粒级的粗集料进行级配。

表4.4.3 粗集料技术要求

项 目	无盐环境	有盐环境	试验方法
含泥量（%）	≤1.0	≤0.5	T 0310
泥块含量（%）	≤0.2	≤0.0	T 0310
坚固性（%）	≤8	≤5	T 0314
吸水率（%）	≤1.5	≤1.0	T 0308
针片状颗粒含量（%）	≤10		T 0311
自然堆积状态空隙率（%）	≤45		T 0309、T 0308

注：1. 设计使用年限为100年时，针片状颗粒含量应小于5%。
　　2. 自然堆积状态空隙率按现行《公路工程集料试验规程》（JTG E42）进行试验与计算，但计算时将振实法测定的堆积密度用自然堆积密度替代。

2 对石灰岩碎石，当用于氯盐冻融环境与硫酸盐环境时，石灰石粉含量应小于0.5%。特大桥、长大隧道等重要工程应进行石灰岩低温抗硫酸盐腐蚀试验，验证其可行性。

4.4.4 细集料应满足下列要求：

1 细集料应满足表4.4.4的要求，宜使用中砂。

表4.4.4 细集料技术要求

项 目		无盐环境	有盐环境	试验方法
含泥量（%）		≤2.0	≤1.0	T 0333
机制砂石粉含量（%）	MB≥1.4	≤3.0	≤1.0	T 0333、T 0349
	MB<1.4	≤5.0	≤3.0	
泥块含量（%）		≤1.0	≤0.5	T 0335

续表 4.4.4

项 目	无盐环境	有盐环境	试验方法
云母含量（%）	≤2.0	≤1.0	T 0337
坚固性（%）	≤8		T 0340
吸水率（%）	≤1.5	≤1.0	T 0330
自然堆积状态空隙率（%）	≤44		T 0331、T 0328

注：自然堆积状态空隙率按现行《公路工程集料试验规程》（JTG E42）进行试验与计算，但计算时采用堆积密度。

2 对石灰岩机制砂，当用于氯盐、硫酸盐环境时，石灰石粉含量应小于1%。特大桥、长大隧道等重要工程应进行石灰岩低温抗硫酸盐腐蚀试验，验证其可行性。

条文说明

表4.4.3、表4.4.4主要参考了《水工混凝土耐久性技术规范》（DL/T 5241—2010）、《铁路混凝土结构耐久性设计规范》（TB 10005—2010）、《普通混凝土配合比设计规程》（JGJ 55—2011）等规范及相关研究成果。

4.4.5 养护用水与水泥混凝土的温差应小于15℃。高温季节拌和用水的温度应低于30℃。

4.4.6 外加剂应符合下列规定：

1 引气水泥混凝土中掺加的引气剂或引气减水剂应符合有关规定。应选用三萜皂甙、松香热聚物类或改性松香皂类引气剂，不得使用烷基苯磺酸钠、烷基磺酸钠类、木质素磺酸盐及其他不符合使用质量要求的引气剂。

2 选用外加剂时，应进行外加剂与胶凝材料的相容性、和易性、强度、耐久性等试验，确定外加剂的品种、复配组成，并用工程所用原材料进行配合比试验获得外加剂的最佳掺量。

3 不宜使用无机盐类早强剂、防冻剂，不得使用含有碱金属或氯盐的外加剂。

条文说明

三萜皂甙、松香热聚物类引气剂引入的气泡尺寸小、拌合物含气量稳定，对抗冻性的改善明显优于化学合成的引气剂。

部分聚羧酸盐减水剂虽然可使水泥混凝土拌合物获得较高含气量，但气泡尺寸大，不能提高水泥混凝土的抗冻性。要求选用消泡效率高且与引气剂相容性好的消泡剂以去除聚羧酸盐减水剂引入的大气泡。

外加剂与水泥适应性的好坏，集料、活性矿物掺合料中的某些成分（如黏土、碳），不同外加剂间的相互作用，直接影响外加剂在水泥混凝土中的作用效果。故需对拟用的各种原材料进行外加剂相容性试验。相同材料，不同季节施工，外加剂的效果也可能有较大的差异，故外加剂的掺量需要根据季节做实时调整。

常用的无机盐类早强剂、防冻剂对水泥混凝土抗冻性，特别是抗盐冻性能有不利影响。当使用无机盐类外加剂时，需增大含气量，以保证水泥混凝土抗冻性。

4.5 引气水泥混凝土和引气水泥砂浆的施工技术要求

4.5.1 水泥混凝土和水泥砂浆的拌和应符合下列规定：

1 水泥混凝土原材料应采用自动计量系统，称量误差应符合规定。

2 引气水泥混凝土宜采用搅拌作用强的双卧轴混凝土搅拌机等进行拌和，掺加引气剂或引气减水剂的水泥混凝土的拌和时间宜延长 10～30s。

3 泵送剂中的引气组分应符合本规范第 4.4.6 条的规定。

4 引气水泥混凝土拌制后应按要求检测拌合物含气量，拌合物含气量不足时应及时调整。

5 引气水泥砂浆拌和应采用强制式搅拌机，搅拌时间应不少于 3min。拌制后应按要求检测拌合物含气量，拌合物含气量不足时应及时调整。

4.5.2 水泥混凝土成型与水泥砂浆砌筑应符合下列规定：

1 引气水泥混凝土的振捣时间宜控制在 15～30s，不得过分振捣和抹面。

2 施工过程中不得向水泥混凝土中加水，也不得在抹面时洒水。

3 砌筑过程中不得向水泥砂浆中加水。

条文说明

过分振捣水泥混凝土或过多抹面将导致气泡逸出或小气泡变成大气泡，引起含气量过多损失，从而影响水泥混凝土抗冻性能。施工过程中加水将降低水泥混凝土的抗冻性能。

4.5.3 水泥混凝土、水泥砂浆砌体的养护应符合下列规定：

1 水泥混凝土成型、抹面结束后，应及时保湿养护，气温低于5℃时应采取保温养护措施。

2 直接接触盐类的抗冻水泥混凝土、水泥砂浆养护期不应少于14d。矿物掺合料掺量超过15%的水泥混凝土和矿物掺合料掺量超过40%的水泥砂浆，养护期不应少于14d。其他水泥混凝土、水泥砂浆养护期不应少于10d。

3 引气水泥混凝土采用加热养护时，温度与湿度应满足表4.5.3的要求。

表4.5.3 引气水泥混凝土暖棚加热养护的温度与湿度要求

温 度				相对湿度
终凝前		终凝后		
升温速度	最高温度	升温速度	最高温度	>80%
≤10℃/h	20℃	≤15℃/h	50℃	

条文说明

水泥混凝土成型、抹面结束后立即开始保温、保湿养护，防止养生过程中产生微裂纹与裂缝。

引气水泥混凝土内部含有大量气体，终凝前暖棚加热养护或蒸汽养护时，如升温速度快、温度高，可能导致水泥混凝土产生严重开裂。

5 路基设计与施工

5.1 一般规定

5.1.1 路基设计应满足强度和稳定性要求,并应满足抗冻性能要求。

条文说明

在各种环境因素(水、温度、冻融等)和车辆荷载的作用影响下,路基的强度、刚度将产生衰减,进而影响路基承载能力,使路基产生变形和强度变化,尤其是季节性冻土地区的反复冻融作用对路基的强度和变形影响明显。因此,设计时,要综合考虑环境因素和车辆荷载对路基长期性能的影响,重视路基的冰冻稳定性,使路基具有足够的强度、稳定性。

5.1.2 路基设计应依据沿线的气象、水文、地质及路基土质试验等资料,结合当地路基冻害防治的经验进行抗冻设计。

5.1.3 路基设计应满足路面的容许冻胀变形要求,采取措施控制路基冻胀量,进行路基路面综合抗冻设计。

5.1.4 路基抗冻应从基底处理、填料选择、路基防护、路基排水等方面进行综合设计。对水文地质不良路段的路基应进行动态设计。

条文说明

对水文地质不良路段,要求采用动态设计方法,如涎流冰、软基处理等,注意发现、搜集施工过程中影响设计方案的各种因素的变化,必要时补充勘探、试验并修改原设计。

5.1.5 土质边坡坡率应满足冻融稳定性要求。

5.1.6 路基施工应核查施工路段的水文地质条件及路基填料的冻胀等级,并按抗冻设计要求编制施工方案。

5.1.7 路基宜在非冰冻期施工。在冰冻期可进行挖方路基施工，也可采用不冻胀的粗粒土填筑路基和进行基底处理。

5.2 路基抗冻设计指标

5.2.1 路基冻深范围内土的冻胀性应根据路基填土的不同土质类型、冻前天然含水率、地下水位深度按表5.2.1确定。冻前天然含水率应考虑路基运营期含水率变化，根据试验结果和当地经验确定。

表5.2.1 季节性冻土与季节性融化层土的冻胀性分级

土组	土的名称	冻前天然含水率 w（%）	冻前地下水位距设计冻深的最小距离 h_w（m）	平均冻胀率 η（%）	冻胀等级	冻胀类别
C_1	碎（卵）石、砾、粗砂、中砂（粒径小于0.075mm的颗粒含量不大于15%）、细砂（粒径小于0.075mm的颗粒含量不大于10%）	不饱和	不考虑	$\eta \leq 1$	I	不冻胀
		饱和含水	无隔水层	$1 < \eta \leq 3.5$	II	弱冻胀
		饱和含水	有隔水层	$3.5 < \eta$	III	冻胀
		$w \leq 12$	>1.0	$\eta \leq 1$	I	不冻胀
			≤1.0	$1 < \eta \leq 3.5$	II	弱冻胀
		$12 < w \leq 18$	>1.0			
			≤1.0	$3.5 < \eta \leq 6$	III	冻胀
		$w > 18$	>0.5			
			≤0.5	$6 < \eta \leq 12$	IV	强冻胀
C_2	粉土质砂	$w \leq 14$	>1.0	$\eta \leq 1$	I	不冻胀
			≤1.0	$1 < \eta \leq 3.5$	II	弱冻胀
		$14 < w \leq 19$	>1.0			
			≤1.0	$3.5 < \eta \leq 6$	III	冻胀
		$19 < w \leq 23$	>1.0			
			≤1.0	$6 < \eta \leq 12$	IV	强冻胀
		$w > 23$	不考虑	$\eta > 12$	V	特强冻胀
C_3	粉质土	$w \leq 19$	>1.5	$\eta \leq 1$	I	不冻胀
			≤1.5	$1 < \eta \leq 3.5$	II	弱冻胀
		$19 < w \leq 22$	>1.5			
			≤1.5	$3.5 < \eta \leq 6$	III	冻胀
		$22 < w \leq 26$	>1.5			
			≤1.5	$6 < \eta \leq 12$	IV	强冻胀
		$26 < w \leq 30$	>1.5			
			≤1.5	$\eta > 12$	V	特强冻胀
		$w > 30$	不考虑			

续表 5.2.1

土组	土的名称	冻前天然含水率 w（%）	冻前地下水位距设计冻深的最小距离 h_w（m）	平均冻胀率 η（%）	冻胀等级	冻胀类别
C_4	黏质土	$w \leq w_P + 2$	>2.0	$\eta \leq 1$	I	不冻胀
			≤2.0	$1 < \eta \leq 3.5$	II	弱冻胀
		$w_P + 2 < w \leq w_P + 5$	>2.0			
			≤2.0	$3.5 < \eta \leq 6$	III	冻胀
		$w_P + 5 < w \leq w_P + 9$	>2.0			
			≤2.0	$6 < \eta \leq 12$	IV	强冻胀
		$w_P + 9 < w \leq w_P + 15$	>2.0			
			≤2.0	$\eta > 12$	V	特强冻胀

注：1. w_P 为土的塑限含水率（%）；w 为冻层内冻前天然含水率的平均值。
    2. 表中不含盐渍化冻土。
    3. 土的塑性指数大于22时，冻胀性降低一级。
    4. 粒径小于 0.005mm 粒径含量大于 60% 时为不冻胀土。
    5. 碎石类土当填充物大于全部质量的 40% 时，其冻胀性按填充物土的类别判定。
    6. 隔水层指季节冻结层底部及以上的隔水层。

5.2.2 季节性冻土地区水泥混凝土路面以平整度控制、沥青路面以无机结合料稳定类基层材料开裂控制的路基冻胀量应不大于表 5.2.2 规定的路基容许冻胀量。路基冻胀量应根据冻深范围内土层的厚度与土的冻胀率按式（5.2.2）计算。

表 5.2.2 路基容许冻胀量 z_y（mm）

公路等级	路面类型	
	水泥混凝土	沥青混凝土
高速公路、一级公路	20	40
二级公路	30	50

$$z_j = \sum_{i=1}^{n} h_i \eta_i \leq z_y \tag{5.2.2}$$

式中：z_j——路基冻胀量（mm）；
    h_i——第 i 层路基土的厚度（mm）；
    η_i——第 i 层路基土的平均冻胀率，按表 5.2.1 取值；
    n——不同冻胀性土层数。

条文说明

通过对季节性冻土地区已建、在建高速公路和干线公路冻害调查发现，一些路面出现的纵裂、隆起与路基冻胀有关，影响路面的使用质量和寿命，因此对路基冻胀提出控制指标要求。

表5-1汇总了吉林省、黑龙江省路面冻胀观测结果以及人民交通出版社出版的《公路设计手册——路基（第二版）》提出的路面容许冻胀量要求。由观测结果可知：

表5-1　不同研究成果对路基冻胀量的规定

	路面类型	\multicolumn{4}{c}{}			
吉林省路面冻胀观测值	路面类型	二级公路沥青路面			
	路基总冻胀量（mm）	20	40	50	60
	路面平整度（最大间隙）（mm）	3.0	6.0	8.0	10.0
黑龙江省路面冻胀观测值	路面类型	水泥混凝土路面			
	路基总冻胀量（mm）	20	40	50	60
	路面平整度（最大间隙）（mm）	1.0	3.2	4.2	5.3
本规范专题冻胀观测值	路面类型	高速公路、一级公路无机结合料稳定类基层沥青路面			
	路基总冻胀量（mm）	20	30	40	50
	路面平整度（最大间隙）（mm）	3.0~5.0	5.0~7.0	5.0~9.0	10.0~12.0
《公路设计手册——路基（第二版）》观测值	路面类型	水泥混凝土	沥青混凝土		次高级路面
	容许冻胀量（mm）	20	40		60

水泥混凝土路面的总冻胀量多在30mm以下。当不均匀冻胀引起的路面平整度（最大间隙）超过3mm时，水泥混凝土路面的开裂及断板率明显提升。

二级及二级以下公路沥青路面的总冻胀量多在50mm以下。高速公路、一级公路无机结合料稳定类基层沥青路面的总冻胀量多在40mm以下。当不均匀冻胀引起的平整度（最大间隙）超过8mm时，路面裂缝开始出现。

苏联柔性路面设计规范及条文说明BCH 46—83规定高等级公路沥青路面容许冻胀量为40mm，简易路沥青路面容许冻胀量为60mm；高等级公路水泥混凝土板路面容许冻胀量为30mm，水泥混凝土装配式路面容许冻胀量为40mm。

综上所述，水泥混凝土路面是以平整度作为路面冻胀开裂控制标准，高速公路、一级公路路基容许冻胀量为20mm，二级公路路基容许冻胀量为30mm；沥青路面是以无机结合料稳定类基层材料开裂作为路面冻胀开裂控制标准，高速公路、一级公路路基容许冻胀量为40mm，二级公路路基容许冻胀量为50mm。

5.2.3　路基在平衡湿度状态下，路基顶面回弹模量应符合现行《公路水泥混凝土路面设计规范》（JTG D40）和《公路沥青路面设计规范》（JTG D50）的有关规定。

5.2.4　季节性冻土地区路基回弹模量设计值应考虑平衡湿度和冻融循环的影响，E_0可按式（5.2.4-1）计算，并满足式（5.2.4-2）的要求。

$$E_0 = K_s K_\eta M_R \quad (5.2.4\text{-}1)$$

$$E_0 \geqslant [E_0] \quad (5.2.4\text{-}2)$$

式中：E_0——平衡湿度状态下路基回弹模量设计值（MPa）；

K_s——路基回弹模量湿度调整系数,按现行《公路路基设计规范》(JTG D30)确定;

K_η——季节性冻土地区路基土回弹模量冻融循环折减系数,宜根据当地路基工作环境进行冻融循环模量衰减试验确定。无试验条件时,可根据冻区、土组按表5.2.4确定;

M_R——标准状态下路基动态回弹模量值(MPa);

$[E_0]$——路面结构设计的路基回弹模量要求值(MPa),应按本规范第5.2.3条确定。

表5.2.4 季节性冻土地区路基土回弹模量冻融循环折减系数

冻 区	土 组	
	粗粒土	细粒土
重冻区	0.80~0.90	0.70~0.85
中冻区	0.80~0.95	0.70~0.90
轻冻区	0.85~0.95	0.75~0.90

注:1. 粗粒土为表5.2.1中的土组C_1~C_2。当粗粒土中粒径小于0.075mm颗粒含量大于15%时,折减系数取小值,反之取大值。
   2. 细粒土为表5.2.1中的土组C_3~C_4。路基为干燥状态取大值,路基为中湿状态取小值。

条文说明

季节性冻土地区路基在湿度变化和冻融循环综合作用下,路基模量有不同程度的衰减。国外相关研究成果表明,土的回弹模量折减系数为0.40~0.90;国内已有研究成果表明,细粒土冻融循环后模量折减系数为0.30~0.90。专题研究结果表明,运营多年达到平衡湿度状态下的路基含水率较竣工时会发生变化,细粒土路床范围内含水率与塑限含水率比较接近,有半数以上高于塑限含水率,绝大部分含水率已经超过了起始冻胀含水率。对运营期路床内细粒土取芯测其回弹模量并换算为标准试件的回弹模量,与路基设计回弹模量对比,细粒土衰减范围为0.40~0.70。粗粒土原位测试模量较设计模量也有所下降,衰减范围为0.50~0.80;与其中的细粒土含量相关。长平高速公路承载板测试结果表明,路基回弹模量衰减范围为0.60~0.80;长平高速公路FWD测试结果表明,路基回弹模量衰减范围0.29~0.73;北安试验段承载板测试表明,路基回弹模量衰减至设计模量的36%。

为保障路基在运营期的使用质量,除考虑湿度变化的调整外,还需要考虑冻融循环条件下的回弹模量衰减,因此提出了季节性冻土地区路基土回弹模量冻融循环折减系数。

5.3 冰冻条件下路基临界高度

5.3.1 道路多年最大冻深应按式(5.3.1)计算:

$$Z_{max} = abcZ_m \tag{5.3.1}$$

式中：Z_{max}——道路多年最大冻深（m）；

　　　　a——路基、路面材料的热物性系数，按表 5.3.1-1 选取；

　　　　b——路基湿度系数，按表 5.3.1-2 选取；

　　　　c——路基断面形式系数，按表 5.3.1-3 选取；

　　　　Z_m——多年最大冻深（m），选用调查资料中 10 年标准冻深的最大值。

表 5.3.1-1　路基、路面材料热物性系数 a

路基材料	黏质土	粉质土	粉土质砂	细粒土质砾、黏土质砂	含细粒土砾（砂）
热物性系数	1.05	1.1	1.2	1.3	1.35
路面材料	水泥混凝土	沥青混凝土	二灰碎石及水泥碎（砾）石	二灰土及水泥土	级配碎石
热物性系数	1.4	1.35	1.4	1.35	1.45

注：a 值取多年最大冻深范围内路基及路面各层材料的加权平均值。

表 5.3.1-2　路基湿度系数 b

干湿类型	干燥	中湿	潮湿
路基湿度系数	1.0	0.95	0.90

表 5.3.1-3　路基断面形式系数 c

填挖形式	地面	填方高度（m）			挖方深度（m）			
		<2	2~4	4~6	>6	<2	2~4	4~6	>6
路基断面形式系数	1.0	1.02	1.05	1.08	1.10	0.98	0.95	0.92	0.90

5.3.2　中冻区、重冻区土质路基上路床顶面最低点距地下水位的高差应不小于路基冰冻条件下临界高度，如图 5.3.2-1、图 5.3.2-2 所示。冰冻条件下路基临界高度可按式（5.3.2）计算确定：

$$h_f = Z_{max} + h_m - h_w - h_p \tag{5.3.2}$$

式中：h_f——土质路基冰冻条件下临界高度（m）；

　　　　h_m——土体冻结过程中地下水上升高度（m），应调查确定；无调查资料时按表 5.3.2 确定；

　　　　h_w——地下水埋深（m）；

　　　　h_p——路面结构厚度（m）。

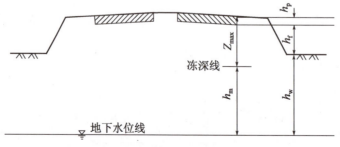

图 5.3.2-1　高速公路、一级公路路基冰冻条件下临界高度

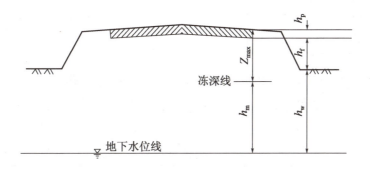

图 5.3.2-2 二级公路路基冰冻条件下临界高度

表 5.3.2 土体冻结过程中地下水上升高度

土组	碎石土、砂类土	粉土质砂	粉质土	黏质土
地下水上升高度（m）	0.6~0.9	0.8~1.0	1.2~1.5	2.0~2.5

注：中冻区取低值，重冻区取高值。

条文说明

季节性冻土地区公路钻探调查发现，在有地下水补给的条件下，路基冻深范围内一般会形成聚冰带，从而会产生明显的冻胀。在土体冻结过程中，当冻结锋面推进到某一层位时，其下层水分会被冻结锋面的土颗粒及冰结晶的吸附力吸附，冻结锋面上的冰晶体就不断地增长。这种增长造成下层土颗粒水膜的吸力和压力不平衡，对其下方的水分产生吸力，即由于冰冻作用，会对水分形成向上的"提升力"。随着冻结锋面的不断向下推进，上述过程不断重复出现，下方水分不断向上迁移，产生比毛细水上升更强的作用，其作用高度称为冻结水上升高度。因此，为使路基土在冻结范围内处于不冻胀或弱冻胀状态，要求中冻区、重冻区土质路基上路床顶面最低点距地下水位（或冻前地表水常水位）的高差不小于路基冰冻条件下临界高度。

吉林省椅山至辽源一级公路、G202 磐石至烟筒山二级公路、G302 松原至白城一级公路冻害调查表明，黏土、粉质黏土路基的冻结水上升高度在 1.9~2.3m 之间。长春至四平高速公路、长春至吉林高速公路、长春至扶余高速公路、营城子至白山二级公路地下水位、聚冰带的观测表明，低液限黏土路基聚冰带距地下水位距离为 1.5~2.0m，高液限黏土路基可达 3.0m 左右。

室内采用压实度 90% 的黏质土及砂类土进行冻结水上升高度试验，结果表明，冻融作用使得黏质土的毛细水上升高度增高，增幅为 0.2~0.6m，砂类土增加不明显。

5.3.3 中冻区、重冻区土质路基不满足路基冰冻临界高度要求时，可选择下列抗冻措施：

1 提高路基设计高程。
2 设置防冻垫层、隔离层，必要时设置渗沟、排水边沟。
3 冻深范围内换填不冻胀或弱冻胀性材料。

5.4 路基填料选择

5.4.1 路基冻深范围内各层土质填料应根据冻区划分、路基高度、干湿类型、路面结构类型及容许总冻胀量等因素，结合材料来源，按表5.4.1选择。宜选择非冻胀和弱冻胀性材料，并保证路基填料的均匀性。

表5.4.1 路基土质填料选择

路基形式	冻区划分	地下水位或地表常水位距路面距离（m）	冻胀等级			
			上路床	下路床	上路堤	下路堤
填方路基	重冻区	$h_w > 3$	Ⅰ	Ⅰ、Ⅱ、Ⅲ	—	—
		$h_w \leq 3$	Ⅰ	Ⅰ、Ⅱ	Ⅰ、Ⅱ、Ⅲ	—
	中冻区	$h_w > 3$	Ⅰ、Ⅱ	Ⅰ、Ⅱ、Ⅲ	—	—
		$h_w \leq 3$	Ⅰ	Ⅰ、Ⅱ		
零填方或挖方路基	重冻区	$h_w > 3$	Ⅰ	Ⅰ	—	—
		$h_w \leq 3$	Ⅰ	Ⅰ		
	中冻区	$h_w > 3$	Ⅰ	Ⅰ、Ⅱ	—	—
		$h_w \leq 3$	Ⅰ	Ⅰ		

注：1. 土的冻胀等级见表5.2.1。
2. 中冻区、重冻区高速公路、一级公路上路床采用Ⅰ类土时，其细粒土（粒径小于0.075mm含量）含量宜小于5%。
3. 缺少砂石料地区，采用无机结合料、矿渣、固化剂等进行处治时，填料可不受此表限制。

5.4.2 当路基填料不能满足抗冻等级要求时，应采取换填不冻胀性材料、提高路基高度、阻断地下毛细水上升及降低地下水位等措施。

5.5 路基压实要求

5.5.1 路基冻深范围内各层位的压实度应满足表5.5.1的要求。

表5.5.1 路基冻深范围内压实度标准（重型击实标准）

路基结构形式		路面底面以下深度（m）	压实度（%）	
			高速公路、一级公路	二级公路
上路床		0~0.3	≥96	≥95
下路床	轻、中等及重交通	0.3~0.8	≥96	≥95
	特重、极重交通	0.3~1.2	≥96	≥95
上路堤	轻、中等及重交通	0.8~1.6	≥94	≥94
	特重、极重交通	1.2~2.0	≥94	≥94
下路堤	轻、中等及重交通	1.6以下	≥93	≥92
	特重、极重交通	2.0以下	≥93	≥92

5.5.2 全冻路堤基底的压实度应满足上一层填土压实标准的要求，且不宜小于90%。低路堤及土质挖方路基应对地基表层土进行超挖、分层回填压实，其处理深度不应小于路基工作区深度。

5.6 路基排水设计

5.6.1 季节性冻土地区路基排水设计应符合下列规定：
1 应遵循防水、排水相结合的原则，综合考虑路面、路侧排水措施，形成排水系统。
2 地下排水设施的汇流排水通道宜设置在冻深线以下，位于冻深范围内的地下排水设施应采取保温防冻措施。

5.6.2 路基地表排水设计应符合下列规定：
1 应根据地表径流情况、地形、地质、排水条件等，将地表水截堵并排除在路基范围以外。
2 挖方路段应设截水沟或拦水埝。中冻区、重冻区年降雨量大于800mm及土质和水文条件较差的路段，截水沟或拦水埝内缘与上边坡坡脚宜保持不小于5m的安全距离。土质截水沟应进行沟底、沟壁铺砌及基础的防渗防冻处理。
3 当边沟下无地下排水设施时，中冻区、重冻区冻胀土路基边沟沟底距路床顶面应不小于0.30m，沟底纵坡不宜小于0.75%。
4 中冻区、重冻区高速公路和一级公路不宜设置盖板式边沟。
5 中冻区、重冻区高速公路和一级公路冻胀土路堑段边沟距离土路肩外侧不宜小于1.0m，且距离边坡坡脚或防护砌筑墙基础不宜小于1.0m。
6 路线的凹形竖曲线底部、低洼河谷地段、平曲线超高段应进行专门排水设计。
7 铺砌类地表排水设施基础下应设置防冻垫层，防冻垫层厚度可根据地基土的性质和当地经验确定，且不应小于150mm。

5.6.3 路基地下排水设计应符合下列规定：
1 用于排除地下水的渗沟宜设置在路肩范围以外。
2 排水管、渗沟等地下排水设施应设置在当地最大冻深以下不小于0.25m处，不满足要求时应采取保温防冻措施。
3 拦截坡体内流向路基的地下水的渗沟应设在迎水一侧的边沟下或边沟外，且沟底高程应低于下路床底部高程。
4 渗沟应填充粒料类材料，且粒料中粒径小于2.36mm的细颗粒含量不得大于5%，填料外围应设反滤层。渗沟位于路基范围外时，填料顶部应覆盖厚度不小于0.15m的不透水材料。
5 管式渗沟、洞式渗沟最小纵坡不宜小于0.5%。渗沟出口应高于地表排水沟常水位 0.2m 以上。

6 出水口的基础应设置在冻深线以下，出水口向内 2～5m 范围应采取保温措施，出水口外衔接的排水沟沟底纵坡应不小于 10%。渗沟宜设置端墙式保温出水口（图 5.6.3）。

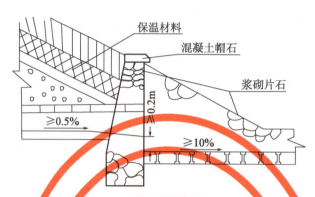

图 5.6.3 端墙式保温出水口纵剖面示意图

7 高速公路排水困难路段，宜设置铺面的封闭式中央分隔带。

条文说明

排水困难路段指纵坡小、排水出口长、降雨量大的路段。

5.6.4 隔离层设计应符合下列规定：

1 透水隔离层底面应高出地下水位或地表水位 0.3m 以上，其有效厚度应不小于 0.3m，隔离层上、下宜设土工织物反滤层。隔离层材料宜采用 0.075mm 通过率小于 5%、4.75mm 通过率为 10%～30% 的碎石、砾石、粗砂等，上、下面横坡不宜小于路面横坡。

2 不透水隔离层应设置在道路多年最大冻深线以下。其材料可选用土工膜、复合土工膜、复合防排水板等土工合成材料，防渗材料的厚度、材质及类型应根据气候、地质条件确定，土工合成材料应符合现行《公路土工合成材料应用技术规范》（JTG/T D32）的有关规定。

条文说明

地下水位线和冻深线之间的高度小于冻结过程毛细水上升高度时，冻深范围内的土体冻结过程将受到地下水向上迁移的影响而产生较大冻胀。将不透水隔离层设置在冻深线以下，能阻隔地下水的影响，如图 5-1 所示。如果地下水位在冻深范围内，则首先采用降低地下水位的措施。

常用的不透水隔离层材料有：沥青含量为 8%～10% 的沥青土或沥青含量为 6%～8% 的沥青砂，厚度一般为 25～30mm；直接喷洒厚度为 2～5mm 的沥青薄层；油毡纸、不透水土工布或塑料薄膜；复合土工膜。

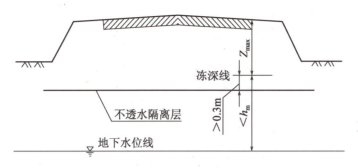

图 5-1　不透水隔离层示意图

5.7 涎流冰路段路基设计

5.7.1 沟谷涎流冰路段宜修建桥梁、涵洞跨越，桥梁、涵洞净空应满足涎流冰通过要求。

5.7.2 聚冰量少的涎流冰路段可采用提高路基高度的措施。

5.7.3 冲积扇和缓坡涎流冰路基边坡外侧宜设置聚冰沟和挡冰埂，如图 5.7.3 所示。聚冰沟和挡冰埂的设计应根据冬季涎流冰规模和地形条件确定。聚冰沟深度不宜小于 2.0m，底宽不宜小于 1.0m。可用聚冰沟挖出的土石筑成挡冰埂。

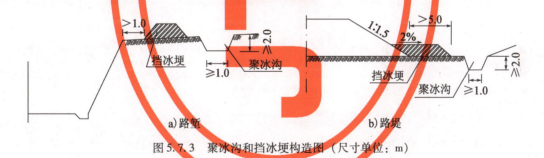

图 5.7.3　聚冰沟和挡冰埂构造图（尺寸单位：m）

5.7.4 对山坡和边坡少量的涎流冰，宜设圬工挡冰墙和挡冰堤，如图 5.7.4 所示。挡冰墙高度宜根据聚冰量确定；设置多道挡冰堤时，其间距不宜小于 5m。

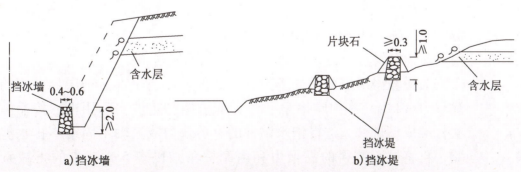

图 5.7.4　挡冰墙和挡冰堤构造图（尺寸单位：m）

5.8 路基防护与支挡

5.8.1 土质边坡抗融滑设计应符合下列规定:

1 中冻区、重冻区细粒土路基应根据降水和冰冻条件放缓边坡。挖方边坡坡率宜采用1:1~1:1.5，填方边坡坡率宜采用1:1.5~1:1.75。

2 浸水路堤边坡坡率不宜陡于1:1.75。

3 中冻区、重冻区超过5m的黏质土和粉质土路基边坡应进行抗融滑稳定性验算，如图5.8.1所示。抗融滑稳定系数F_s应按式（5.8.1）计算。滑动面是春融期的融化面，验算时滑动面应按边坡土体的性质并参照附近既有工程的经验试算确定。

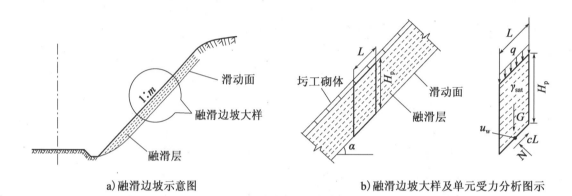

图5.8.1 边坡融滑稳定性计算示意图

$$F_s = \frac{(G - u_w + qL)\cos\alpha\tan\varphi + cL}{(G + qL)\sin\alpha} \quad (5.8.1)$$

式中：F_s——抗融滑稳定系数，应大于或等于1.20；

G——单元土体饱和状态的自重力（kN），$G = H_p L\cos\alpha \cdot \gamma_{sat}$；

u_w——单元土体受到的水的浮力（kN），$u_w = H_p L\cos\alpha \cdot \gamma_0$；

γ_{sat}——边坡土体的饱和重度（kN/m³）；

γ_0——水的重度，通常取10kN/m³；

q——圬工防护砌体的等效均布荷载（kN/m²），若边坡没有设置防护砌体，计算时无此项；

L——分析单元体的长度，取单位长度（m）；

α——滑动面的倾斜角（°），近似为边坡坡面的倾斜角；

c,φ——分别为边坡融滑层底部处于饱和状态的土层与下部冻结层界面间的单位黏聚力（kPa）和内摩擦角（°），应取路基边坡实际用土，按照施工压实标准成型试件，进行饱水试件的直剪快剪或三轴不固结不排水剪切试验，再将试验测得的黏聚力和内摩擦角乘以表5.8.1中的折减系数后确定。

表 5.8.1　边坡融滑层界面土质抗剪强度参数的环境条件折减系数

项　目	细　砂	粉　质　土	黏　质　土
黏聚力 c 的折减系数	0.40~1.00	0.30~0.80	0.30~0.60
内摩擦角 φ 的折减系数	0.70~1.00	0.50~0.80	0.15~0.25

注：折减系数的取值应综合考虑边坡土体性质、当地的降水情况、春融期边坡面水分蒸发条件、冻融循环程度等的综合影响，环境条件不好时，折减系数取小值。

4　抗融滑稳定系数小于 1.20 时，应根据实际情况调整坡率或进行加固。

条文说明

季节性冻土地区处于不良水文及水文地质条件下的土质路基边坡（尤其是黏质土、粉质土边坡），常因不良气候条件的影响，致使春融期路基边坡冻融层湿度较大。此时融化层底部仍处于冻结状态，不利于融水的下渗，水分蓄积在融化层内，使土体处于饱和状态，土体抗剪强度很低，极易发生融化层的滑移破坏。设有坡面防护的工程，也常因边坡融化层的滑移而遭破坏。因此，季节性冻土地区重要工程的高边坡，在土质和自然条件不良的情况下需进行边坡的抗融滑验算，以确定边坡的冰冻稳定性。

融滑边坡稳定性分析时，沿边坡纵向及横断面方向均取单位长度边坡融滑体进行分析，分析其沿滑动面方向所受到的全部下滑力和抗滑力，计算抗融滑稳定系数。考虑融滑层厚度通常不超过 0.5m，因此做简化分析，忽略分析单元体沿融滑面方向的上方和下方土体与分析单元之间的相互作用，并假定融滑层厚度内全部蓄水饱和，如图 5.8.1 所示。

考虑滑动界面的融化蓄水土层与其下部冻结土层之间的力学状态比较特殊，且春融期边坡所处环境条件的变化也比较复杂，因此，稳定验算时抗剪强度参数需要在室内标准试验测试结果的基础上再做环境条件影响程度的折减。表 5.8.1 中的折减系数是根据多年来对季节性冻土地区春融期边坡融滑破坏现象的调查和分析给出的。

如图 5.8.1 所示，融滑层的滑动面近似与边坡坡面平行，H_p 为融滑层厚度，抗融滑稳定分析时 H_p 在 0.10~0.50m 之间试算确定，以确定可能的融滑层位置。在此范围内试算时，只要存在 $F_s<1.2$，即视为该边坡有发生融滑的潜在危险，需要采取有效的措施进行调整。

5.8.2　挡土墙墙背填料应采用砂砾、碎（砾）石等透水性填料，并加密泄水孔。

5.8.3　挡土墙基础埋置深度应符合下列规定：

1　当冻结深度小于或等于 1m 时，挡土墙基底应设于冻结线以下不小于 0.25m 处，并应满足基础最小埋置深度不小于 1m 的要求。

2　当冻结深度大于 1m 时，基底最小埋置深度应不小于 1.25m，并将基底至冻结线以下 0.25m 深度范围内的地基土换填为非冻胀材料。

5.8.4 冻胀严重的边坡宜选择适合当地气候环境的植物防护；当采用网格式或拱式骨架护坡时，宜采取锚固措施。

5.8.5 护面墙基础埋置深度应满足本规范第5.8.3条的要求。

5.8.6 沿河路基丁坝、顺坝等调治构造物宜采用钢筋石笼等柔性结构。

5.9 改扩建路基设计

5.9.1 改扩建设计应对既有路基进行调查、勘探和测试，分析评价路基冻胀变形、路基强度及边坡稳定性。

5.9.2 公路路基拓宽设计时，拓宽部分的路基应与既有路基之间保持良好的衔接，并采取工程措施减小差异冻胀。

5.9.3 既有路基冻胀量不满足要求的路段，路基可采取换填不冻胀材料、改善排水设施等措施。

5.9.4 对既有路基地基不良路段，当条件受限不能翻挖换填时，可采取CFG桩、碎石桩及注浆等加固稳定措施。

5.9.5 既有路基和拓宽路基连接处应采取挖台阶、铺设横向土工格栅等措施提高路基的整体性。

5.9.6 对拓宽路基浅层软土地基，可采取垫层和浅层处理措施，减少拓宽路基的沉降。对深厚软土地基，可采取复合地基和轻质路堤措施，但不宜采用对既有路基有严重影响的排水固结法和强夯法。

5.10 路基施工

5.10.1 冻深范围内的填土不得混合填筑，冻胀性不同的土应水平分层填筑，分层压实。同一水平层路基的全宽应采用同一种填料。每种填料的填筑层压实后的连续厚度不宜小于500mm。填筑路床顶最后一层时，压实后的厚度应不小于100mm。

5.10.2 挖方段路基应做好施工阶段排水，防止边界外的水流入路堑中；应经常疏通排水沟渠，提前填筑拦水埝。

5.10.3 挖方段路基为冻胀土时，地基土挖除换填深度误差应不大于5%。换填粗颗粒材料中0.075mm的通过率不应大于5%。

5.10.4 路堤冻深范围内填土施工应符合下列规定：
1 全冻路堤施工前，应在路基两侧挖出排水沟或边沟，并根据排水设计先做渗沟、渗井等地下排水设施。
2 同一施工段内同一层土的含水率应基本一致，含水率偏差应小于2%。
3 每层路基填土顶面应设2%~4%的排水横坡。

5.10.5 涎流冰路段路基施工应符合下列规定：
1 应保护涎流冰处的地形、地貌，不得随意挖掘取土。
2 有涎流冰路段路基应采用水稳性良好的粗粒土作为填料。
3 挡冰墙宜采用浆砌片（块）石砌筑，砌筑砂浆强度等级不得低于M_a20。砌筑砂浆应填充饱满、密实，未达到设计强度前不得浸水。

5.10.6 路基排水施工应符合下列规定：
1 应合理安排地下排水设施和路基施工的工序衔接，避免扰动已压实路基。应及时排出地下渗水，在冻前疏干路基。
2 边沟铺砌应在冰冻来临前完成施工。未完成的地下排水设施应设临时出水口，并采取保温措施，避免冻结。
3 排水设施预制构件强度等级冻前应达到设计强度的80%，砂浆强度等级冻前应达到设计强度的100%。

5.10.7 冰冻期路基施工应符合下列规定：
1 路基填筑粗粒土和进行地基处理可在冰冻期施工，填筑前应清除基底范围内的积雪和冰块。
2 挖方边坡在冰冻期施工时不得一次挖到设计线，坡面应预留不小于300mm的覆盖层，正常施工季节时再修整到设计坡面。挖方路基在冰冻期施工时应预留不小于1m的覆盖层，正常施工季节时再开挖到设计高程。
3 已完工路基，越冬时路基顶面应采取素土覆盖并碾压等保护措施，加强地表排水，防止雪水下渗。越冬后路基压实度应满足本规范第5.5.1条的要求，不满足时应进行复压或采取换填措施，直至满足要求。
4 春融期宜在地表土层融化厚度大于500mm后开始路基施工。在取土场取土时应将未融化的冻土夹层清除，不得使用含有冻结块的路基填料。

6 路面设计与施工

6.1 一般规定

6.1.1 在满足荷载与环境要求下，应采用安全可靠、经济合理的抗冻技术，进行路基路面综合设计。

6.1.2 沥青路面设计应根据高温抗车辙、低温抗裂和抗冻融稳定性的要求，进行路面结构与材料性能的平衡设计。

6.1.3 中冻区和重冻区，应对无机结合料稳定类基层进行抗冻性检验。

6.1.4 高速公路和一级公路的沥青路面不宜在气温低于10℃下施工，二级公路沥青路面不宜在低于5℃下施工。

6.2 原材料技术要求

6.2.1 沥青面层的原材料应符合下列规定：

1 沥青结合料应采用道路石油沥青或其加工产品，应根据公路等级、气候条件、交通荷载等级、结构层位和施工条件等，结合工程经验确定沥青类型。

2 沥青面层采用的沥青标号，宜满足表6.2.1-1的要求。表面层宜选用改性沥青，中、下面层有低温抗裂设计要求时也可选用改性沥青。

表 6.2.1-1 道路石油沥青标号技术要求

路面层位	重冻区	中冻区	轻冻区
表面层	110号、90号	90号	90号、70号
中、下面层	90号	90号、70号	70号

注：1. 同一冻区内，沥青路面低温设计温度 T_{PAV} 较低的路段，选用标号高的道路石油沥青。
　　2. 高速、一级公路的重、特重、极重交通路段，中、下面层选用标号低的道路石油沥青。

3 高速公路和一级公路表面层沥青的低温性能宜满足下列指标要求：

1）沥青路面低温设计温度提高10℃的试验条件下，沥青弯曲梁流变试验蠕变劲度 S_t 不宜大于300MPa，且蠕变曲线斜率 m 不宜大于0.30。

2) 当蠕变劲度 S_t 在 300~600MPa 范围内，且蠕变曲线斜率 m 大于 0.30 时，补充沥青直接拉伸试验，其断裂应变不宜小于 1%。

3) 以上都不满足时，采用弯曲梁流变试验和直接拉伸试验确定沥青临界开裂温度。临界开裂温度不宜高于沥青路面低温设计温度。

4 沥青混凝土粗集料的抗冻技术指标应满足表 6.2.1-2 的要求，其他技术指标应符合现行《公路沥青路面施工技术规范》（JTG F40）的有关规定。高速公路、一级公路的表面层宜采用骨架密实型沥青混凝土，选用石料的单轴抗压强度应不低于 80MPa。

表 6.2.1-2 沥青混凝土粗集料抗冻技术要求

指 标	高速公路、一级公路	二级公路	试验方法
沥青黏附性	5 级	≥4 级	T 0616
坚固性（%）	≤10	≤15	T 0314
吸水率（%）	≤1	≤2	T 0304

5 高速公路、一级公路的表面层，宜按本规范附录 C 的试验方法检验沥青与粗集料低温黏结性，5.6~8mm 粗集料的剥落量应不大于 3%。

6 沥青混凝土宜采用石灰岩类细集料，高速公路、一级公路宜采用机制砂；二级公路采用天然砂时，天然砂最大用量不宜超过细集料用量的 50%。

条文说明

极端最低气温和降温速率对沥青路面低温缩裂的影响最显著。本规范冻区划分所使用的冻结指数指标，与该地区的极端最低气温、降温速率有较好的相关性。一般而言，冻结指数大，最低气温及多年平均值更低，日降温速率更大，对沥青路面低温抗裂性能的要求就越高。因此，按冻区选择沥青标号，不增加新的气候分区指标，既便于规范的使用，又能反映自然环境对沥青路面低温抗裂的要求。

沥青路面的低温抗裂性能，主要取决于沥青的类型及其低温性能。季节性冻土地区沥青面层的沥青类型及其技术要求的确定，综合考虑沥青混合料高温性能和低温性能两方面的技术要求，难以兼顾时，需经过技术论证确定。

当地最低气温为年最低气温的多年平均值，一般不少于 10 年。

6.2.2 水泥混凝土面层的原材料应符合下列规定：

1 原材料应符合本规范第 4.4 节的有关规定。

2 当采用滑模摊铺时，粗集料公称最大粒径不宜超过 26.5mm；当采用其他方法摊铺时，粗集料公称最大粒径不宜超过 31.5mm。

3 石料的单轴抗压强度应符合现行《公路水泥混凝土路面设计规范》（JTG D40）的有关规定。

6.2.3 沥青碎石基层的原材料应符合下列规定：

1 宜选用50号、70号、90号道路石油沥青，有特殊要求时可使用改性沥青。
2 粗集料应采用洁净、干燥、表面粗糙的硬质石料，并满足表6.2.3的要求。

表6.2.3 沥青碎石基层用粗集料技术要求

指 标	技 术 要 求	试 验 方 法
石料压碎值（%）	≤28	T 0316
洛杉矶磨耗损失（%）	≤30	T 0317
吸水率（%）	≤3.0	T 0304
坚固性（%）	≤12	T 0314
针片状颗粒含量（%）	≤18	T 0312
其中粒径大于或等于9.5mm	≤15	
其中粒径小于9.5mm	≤20	
水洗法小于0.075mm颗粒含量（%）	≤1	T 0310
软石含量（%）	≤5	T 0320
黏附性	不低于4级	T 0616

3 细集料应洁净、干燥、无风化、无杂质，并有适当的颗粒级配，不宜使用天然砂。

6.2.4 防冻层的原材料应符合下列规定：

1 应采用粒料类材料，0.075mm的通过率不宜大于5%。采用煤渣时，2.36mm的通过率不宜大于20%。

2 采用碎石和砂砾防冻层时，最大粒径应与结构层厚度相协调，并不超过结构层厚度的1/2。

6.2.5 路面结构与路基之间的保温层，可采用密度大于43kg/m³的挤塑聚苯乙烯泡沫（XPS）、密度大于50kg/m³的模塑聚苯乙烯泡沫（EPS）等材料。

6.3 结构层技术要求

6.3.1 沥青面层应符合下列规定：

1 中冻区、重冻区沥青混合料的沥青用量宜在室内试验确定的最佳沥青用量基础上增加0.1~0.3个百分点。

2 沥青混合料的设计空隙率应满足表6.3.1-1的要求。

表6.3.1-1 沥青混合料空隙率技术要求

沥青混合料类型	公称最大粒径（mm）		
	13.2	16	19、26.5
密级配沥青混凝土（%）	3~5	3~4	2.5~3.5
沥青玛蹄脂碎石混合料（%）	2~4		

3 公称最大粒径不大于19.0mm的沥青混合料，宜在温度为-10℃、加载速率为50mm/min条件下进行小梁弯曲试验。沥青混合料的破坏应变宜符合表6.3.1-2的要求。

表6.3.1-2 沥青混合料低温弯曲试验破坏应变技术要求（με）

混合料类型	重冻区	中冻区	轻冻区	试验方法
普通沥青混合料	≥2 600	≥2 300	≥2 000	T 0728
改性沥青混合料	≥3 000	≥2 800	≥2 500	

4 沥青混凝土5次冻融循环后的劈裂强度比应满足表6.3.1-3的要求。

表6.3.1-3 密级配沥青混凝土抗冻性技术要求

公路等级	5次冻融循环后的劈裂强度比（%）
高速公路、一级公路	≥70
二级公路	≥60

注：按本规范附录B规定的方法测试沥青混合料5次冻融循环后的劈裂强度比。

条文说明

采用低温弯曲试验时，测试沥青混合料破坏应变，按冻区选择相应技术要求。采用约束试件温度应力试验（TSRST）测定沥青混合料的断裂温度时，其值不高于当地沥青路面低温设计温度。

6.3.2 中冻区和重冻区高速公路和一级公路的石灰粉煤灰稳定类基层，应按现行《公路工程无机结合料稳定材料试验规程》（JTG E51）中T 0858规定的方法进行材料抗冻性能检验，其残留抗压强度比应满足表6.3.2的要求。

表6.3.2 石灰粉煤灰稳定类材料抗冻性能技术要求

冻区	重冻区	中冻区
残留抗压强度比（%）	≥70	≥65

6.3.3 密级配沥青碎石基层的公称最大粒径不宜小于26.5mm，宜采用大马歇尔试件进行配合比设计，有条件时可采用旋转压实方法。

6.4 沥青面层低温抗裂设计

6.4.1 沥青面层低温开裂指数宜满足表6.4.1的要求。

表6.4.1 低温开裂指数要求

公路等级	高速公路、一级公路	二级公路
低温开裂指数 CI	≤3	≤5

注：低温开裂指数 CI——竣工验收时100m调查单元内横向裂缝条数。贯穿全幅的裂缝按1计，未贯穿且长度超过一个车道宽度的裂缝按0.5计。

条文说明

面层低温开裂指数不是指设计期末的标准，而是路面竣工验收时标准，竣工验收一般在路面交工后第3年进行。低温开裂指数的计算不包括反射裂缝和纵向裂缝，只考虑面层的横向低温缩裂。

6.4.2 沥青面层低温开裂指数 CI 可按式（6.4.2）验算：

$$CI = 1.95 \times 10^{-3} S_t \lg b - 0.075 (T_{PAV} + 0.07 h_a) \lg S_t + 0.15 \quad (6.4.2)$$

式中：S_t——沥青路面低温设计温度提高10℃试验条件下，表面层沥青弯曲梁流变试验加载180s时蠕变劲度（MPa）；

b——路基土质类型参数，砂 $b = 5$，粉质黏土 $b = 3$，黏质土 $b = 2$；

T_{PAV}——沥青路面低温设计温度（℃）；

h_a——沥青混合料层厚度（mm）。

6.4.3 沥青面层低温开裂指数验算值不满足表6.4.1的要求时，应改变所选用的沥青材料，或增加沥青层厚度，直至满足要求。

6.5 路面最小防冻厚度的确定

6.5.1 路面总厚度应不小于表6.5.1规定的最小防冻厚度。

表6.5.1 路面最小防冻厚度（mm）

路面类型	路基土冻胀等级	道路多年最大冻深			
		$0.5m \leq Z_{max} < 1.0m$	$1.0m \leq Z_{max} < 1.5m$	$1.5m \leq Z_{max} < 2.0m$	$2.0m \leq Z_{max}$
沥青路面	Ⅰ	300~450	350~500	400~600	500~700
	Ⅱ	350~550	450~600	500~700	550~800
	Ⅲ	400~600	500~700	600~800	650~1 000
水泥混凝土路面	Ⅰ	300~500	400~600	500~700	600~950
	Ⅱ	400~600	500~700	600~900	750~1 200
	Ⅲ	450~700	550~800	700~1 000	800~1 300

注：1. 表中道路多年最大冻深 Z_{max} 按本规范第5.3.1条的规定计算。
2. 冻深小于0.5m的地区，可不考虑结构层防冻厚度。
3. 冻深小或挖方路段，或防冻层采用隔温性能良好的材料，路面最小防冻厚度可选用低值；冻深大或填方，及地下水位高的路段，或防冻层采用隔温性能差的材料，路面最小防冻厚度应选用高值。
4. 对同一冻胀等级的路基土，路基湿度较大时，其防冻厚度应选用高值。
5. 对公路自然区划Ⅱ区的砂类土路基，路面最小防冻厚度可相应减少5%~10%。

条文说明

根据路基填土的土质类型、路基的干湿状态、地下水深度，按本规范表5.2.1确定路基土冻胀等级，控制路基冻胀量，选择更合理的路面最小防冻厚度。

6.5.2 路面防冻厚度验算不满足要求时，应增加路面厚度，或在路基顶面增设防冻层或保温层。防冻层厚度不宜小于150mm；泡沫保温层的板厚不宜小于50mm。

条文说明

路面结构组合设计时，设置保温层能够改善路面的热物性参数，降低道路冻深。保温层设在降温速率、温度梯度最大的地方，使尽量多的路基土免于冻结产生冻胀量。重冻区高速公路温度场观测结果表明，上路床是降温速率最大的地方，因此保温层应设置在路基顶面。

6.6 路面排水设计

6.6.1 路面横坡不宜小于2%。

6.6.2 填方超过6m的高路堤、桥头引道及设有超高的弯道内侧，宜采用路面边缘拦水带联合急流槽集中排水。水泥混凝土拦水带应满足抗冻等级要求。

6.6.3 路面内部排水应符合下列规定：
1 无机结合料稳定类基层上设置下封层时，宜选用热沥青、SBS改性沥青、橡胶粉改性沥青等结合料。
2 水泥混凝土路面接缝宜采用高性能聚氨酯、硅酮等密封材料填充。
3 排水基层底面的纵向和横向坡度应满足排水要求，合成坡度宜大于3%。
4 防冻层材料的渗透系数和有效空隙率应达到排水渗流时间不大于1h的要求，渗流路径长度不宜大于45m。
5 设路面内部排水时，路肩宜用透水性材料全宽填筑，也可在适当距离设置填有透水性材料的横向排水沟。

6.7 桥面沥青铺装层

6.7.1 水泥混凝土桥面采用的沥青混凝土铺装层厚度不宜小于80mm，宜与路面结构类型、材料相协调。

6.7.2 桥面沥青铺装结构应做好防水和排水的协调设计。防水黏结层应选择改性沥青、高黏沥青，防水层可选择沥青胶砂、沥青玛蹄脂、热沥青与环氧下封层等。

6.7.3 对大桥、特大桥的桥面铺装应按下列要求进行专项设计：
1 表面层应具有良好的高温稳定性、低温抗裂性、水稳定性和抗滑特性，宜采用沥青玛蹄脂碎石混合料、纤维沥青混凝土等。
2 下面层应选用具有良好变形能力的密实型沥青混合料。
3 应检验桥面铺装各结构层间的抗剪强度、抗拔强度及防水性能。

6.7.4 铺装沥青混凝土桥面时，应对其下的水泥混凝土表面进行凿毛、铣刨或抛丸处理，除去表面浮浆、污物。桥面宜与路面同步采用机械铺筑。

6.8 路面施工

6.8.1 路面结构层铺筑前应对越冬路基进行冻害调查，并对冻害提出处理方案，处理后方可铺筑路面结构层。

6.8.2 无机结合料稳定类基层施工期的日最低气温应在5℃以上，水泥稳定类基层应在第一次重冰冻到来前30d完成；石灰、粉煤灰稳定类基层应在第一次重冰冻到来前45d完成。

条文说明

水泥稳定类基层施工期的第一次重冰冻是指日最低气温首次降为 -3 ~ -5℃。

6.8.3 无机结合料稳定类基层低温施工时，应采取提高无机结合料稳定类基层早期强度的技术措施。水泥稳定类基层宜增加水泥剂量0.5~1.0个百分点，石灰粉煤灰稳定类基层宜掺早强剂或1%~2%的水泥，并采取适宜的保温养护方式。

条文说明

无机结合料稳定类基层低温施工是指气温为5~15℃条件下的施工。

6.8.4 无机结合料稳定类基层与沥青层宜在同一年内施工。未铺筑面层的无机结合料稳定类基层，在冬季宜采取素土、砂砾覆盖等防冻措施，做素土覆盖时宜采取土工布等隔离措施。

条文说明

无机结合料稳定类基层与沥青层在同一年内施工，面层能够起到保护基层的作用，减少基层的温缩开裂和冻融破坏。

6.8.5 沥青混合料最低摊铺温度依据下承层表面温度、摊铺层厚度确定，应满足表 6.8.5 的要求。

表 6.8.5　沥青混合料最低摊铺温度（℃）

下承层的表面温度（℃）	相应于下列不同摊铺层厚度的最低摊铺温度					
	普通沥青混合料			改性沥青混合料、SMA 沥青混合料		
	<50mm	50~80mm	>80mm	<50mm	50~80mm	>80mm
<5	不允许	不允许	140	不允许	不允许	不允许
5~10	不允许	140	135	不允许	不允许	不允许
10~15	145	138	132	165	155	150
15~20	140	135	130	158	150	145

条文说明

季节性冻土地区沥青路面施工中，可能存在气温低、降温快的问题，需要采取保温措施，如运输保温、熨平板加热、轮胎压路机保温等，保证沥青混合料的摊铺和压实温度。

6.8.6 有条件采用温拌沥青混合料时，应根据施工温度要求，试验确定温拌剂类型与掺量，并验证沥青混合料的路用性能。

条文说明

采用温拌沥青混合料技术能够延长施工期，降低拌和温度，减少沥青热老化，有利于提高沥青混合料的低温抗裂性能。

7 桥梁和涵洞设计与施工

7.1 一般规定

7.1.1 桥梁、涵洞所用材料应满足抗冻性要求；结构形式选择应考虑冻融环境作用的影响。

7.1.2 桥梁、涵洞基础底面的埋置深度应满足冲刷条件控制的最小埋置深度要求，并应满足抗冻埋置深度要求。

7.1.3 中冻区、重冻区的桥梁、涵洞基础应进行抗冻拔稳定性验算、薄弱截面抗冻强度验算；轻型桥台应进行抗冻强度验算；冻胀力应按可变荷载考虑。

7.1.4 桥梁、涵洞水泥混凝土及水泥砂浆的抗冻等级、最小强度等级，应根据结构构件的冻融环境等级按本规范第4章有关要求确定。

7.1.5 直接接触融雪剂的水泥混凝土、潮汐区和浪溅区受海水侵蚀的水泥混凝土、水位变动区内的水泥混凝土，应增加表面防腐措施；其他受冻融影响明显的水泥混凝土宜增加表面防腐措施。

条文说明

直接接触融雪剂的水泥混凝土包括护栏底座、防撞墙底部、护轮带、伸缩缝。根据调查，其他受冻融影响明显的水泥混凝土包括边梁侧面、伸缩缝处墩台盖梁表面、墩台身外侧面等。

7.1.6 桥梁、涵洞不宜冬季施工。需冬季施工时应编制合理的施工方案，对水泥混凝土、水泥砂浆砌体工程应采取保温、防冻措施。

7.2 桥梁和涵洞基础埋深

7.2.1 位于冻胀土层的桥梁基础，应将基底埋入设计冻深以下不小于250mm。设计冻深可按式（7.2.1）确定：

$$Z_d = \psi_{zs}\psi_{zw}\psi_{ze}\psi_{zg}\psi_{zf}Z_0 \tag{7.2.1}$$

式中：Z_d——设计冻深（m）；
　　　ψ_{zs}——土的类别对冻深的影响系数，按表7.2.1-1确定；
　　　ψ_{zw}——土的冻胀性对冻深的影响系数，按表7.2.1-2确定；
　　　ψ_{ze}——环境对冻深的影响系数，按表7.2.1-3确定；
　　　ψ_{zg}——地形坡向对冻深的影响系数，按表7.2.1-4确定；
　　　ψ_{zf}——基础对冻深的影响系数，取$\psi_{zf}=1.1$；
　　　Z_0——标准冻深（m），采用当地气象观测站实测年最大冻深平均值，无资料时可按本规范附录图A-2采用。

表7.2.1-1　土的类别对冻深的影响系数

土的类别	ψ_{zs}	土的类别	ψ_{zs}
黏质土	1.00	中砂、粗砂、砾砂	1.30
细砂、粉土质砂、粉质土	1.20	碎石土	1.40

表7.2.1-2　土的冻胀性对冻深的影响系数

冻胀性	ψ_{zw}	冻胀性	ψ_{zw}
不冻胀	1.00	强冻胀	0.85
弱冻胀	0.95	特强冻胀	0.80
冻胀	0.90	极强冻胀	0.75

表7.2.1-3　环境对冻深的影响系数

周围环境	ψ_{ze}	周围环境	ψ_{ze}
村、镇、旷野	1.00	城市市区	0.90
城市近郊	0.95	—	—

表7.2.1-4　地形坡向对冻深的影响系数

地形坡向	平坦	阳坡	阴坡
ψ_{zg}	1.0	0.9	1.1

注：表7.2.1-1～表7.2.1-4中土类划分及有关系数，根据现行《公路桥涵地基与基础设计规范》（JTG D63）有关规定确定。

7.2.2　位于冻胀土层的盖板涵洞基础，洞口基础及涵身基础底面应埋入设计冻深以下不小于250mm。

7.2.3　位于冻胀土层的箱涵及圆管涵基础，洞口两端不小于2m范围内涵身基底应埋入设计冻深以下不小于250mm，涵洞中间部分的基础埋深可按式（7.2.3）计算，并应将基底至冻结线处的冻胀土换填为不冻胀材料。涵洞中间部分基础埋深与洞口基础埋深之间应设置过渡段。

$$d_{\min} = Z_d - h_{\max} \tag{7.2.3}$$

式中：$d_{\min}$——基底最小埋置深度（m）；

$h_{\max}$——基础底面以下容许最大冻层厚度（m），按表 7.2.3 确定。

表 7.2.3 不同冻胀土类别的基础底面以下容许最大冻层厚度

冻胀土类别	弱冻胀	冻胀	强冻胀	特强冻胀	极强冻胀
$h_{\max}$	$0.38Z_0$	$0.28Z_0$	$0.15Z_0$	$0.08Z_0$	0

注：本表冻胀土类别按现行《公路桥涵地基与基础设计规范》（JTG D63）相关规定确定。

7.3 桥梁和涵洞抗冻构造

7.3.1 水泥混凝土梁（板）构造应符合下列规定：

1 中冻区、重冻区的中小跨径桥梁宜选用实体 T 梁、板梁等结构。

2 空心板梁底板及箱梁内隔板两侧底板应预留直径不小于 50mm 的排水孔。

3 水泥混凝土梁（板）可通过增设防裂构造钢筋减少低温收缩裂缝。

条文说明

调查发现，早期修建的季节性冻土地区小箱梁桥出现了因箱内积水而将梁体（腹板及底板）冻裂的病害，箱梁及空心板梁底板浸水冻胀出现裂缝，梁间接缝浸水受冻破坏，这些冻害致使结构整体强度和连接性能降低。

实践证明，通过在小箱梁、箱梁及空心板梁底板设排水孔及时排除梁体内积水可减轻冻害。由于箱梁和空心板梁底板不易浇筑、顶板芯模上浮易出现厚度不足或混凝土浇筑不实问题，梁间接缝由于构造尺寸一般较小，混凝土质量不易保证，因此，本规范建议中冻区、重冻区的中小跨径桥梁结构设计优先选用施工质量更易保证的实体梁板结构，对箱梁及空心板梁在构造上采取防冻措施。

7.3.2 桥面系构造应符合下列规定：

1 桥面泄水孔应低于桥面防水层 5mm。侧向排水时宜采用方形泄水管。泄水管与水泥混凝土之间的缝隙应采用聚氨酯等高聚物密封材料填充。

2 冻融环境等级为 D_5、D_6、D_7 地区的桥梁，桥面水泥混凝土铺装层厚度应不小于 100mm，混凝土强度等级应不小于 C_a40，抗渗等级应不低于 W8，并应在层内配置直径不小于 8mm、间距不大于 100mm 的钢筋网。

3 应设置桥面防水层。采用沥青混凝土铺装面层时，防水层宜选择柔性防水材料；采用水泥混凝土铺装面层时，防水层宜采用刚性防水涂层。

4 在桥面水泥混凝土整平层基面与护栏底座、路缘石、防撞墙等构件立面交接处，桥面防水层应连续至相交结构立面高度不小于 50mm。

5 安装桥梁伸缩装置时，应在浇筑伸缩缝预留槽内水泥混凝土之前将伸缩缝两侧的防水层端部，以及防水层与排水口装置周边的相接处采用聚氨酯等高聚物材料封闭。

6 可根据使用经验在桥面铺装边缘设置排水碎石盲沟。

7.3.3 下部结构构造应符合下列规定：

1 宜加大水泥混凝土轻型桥台台身结构厚度，并增加构造钢筋。

2 跨径 2m 以下的涵洞宜设整体基础。当箱涵及圆管涵基础位于强冻胀土层时，洞身基础埋深应与洞口基础埋深一致。

3 桩基承台底面高程应设置在一般冲刷线以下，并满足设计冻深要求；轻型桥台支撑梁底面应置于设计冻深以下不小于 250mm，或采用不冻胀材料置换基底冻胀土层。

条文说明

根据对季节性冻土地区桥梁、涵洞冻害调查，有些中、小桥及涵洞扩大基础因地基冻胀造成墩、台抬高或断裂；轻型桥台的支撑梁因地基冻胀上挠折断或位移，失去支撑作用；涵洞基础因地基不均匀冻胀，每年出现起落变化，造成路面不平。这些冻害的原因多出于抗冻设计不完善。本条根据上述桥梁、涵洞基础冻害调查情况确定。

7.4 桥梁和涵洞抗冻材料要求

7.4.1 上部结构材料应符合下列规定：

1 箱梁、空心板梁水泥混凝土及开口截面的翼缘板水泥混凝土抗渗等级不应低于 W8。

2 桥梁湿接缝及铰缝混凝土的强度和抗冻等级不应低于主梁混凝土，并宜掺入膨胀剂。

3 桥梁伸缩缝预留槽宜采用纤维水泥混凝土或聚合物水泥混凝土封闭。

条文说明

纤维水泥混凝土和聚合物水泥混凝土的韧性较高，抗裂性好，适合桥梁伸缩缝受力环境。常用的纤维包括聚丙烯腈、聚丙烯纤维；常用的聚合物乳液包括苯乙烯-丙烯酸乳液、丙烯酸乳液和水溶性环氧树脂等。

7.4.2 下部结构材料应符合下列规定：

1 扩大基础侧面应采用不冻胀材料填筑。桥梁、涵洞台背宜采用不冻胀材料填筑；采用冻胀性材料填筑的轻型桥台、U形挡墙式桥台及柱式桥台应进行抗冻强度验算。

2 应根据地区气温条件选用橡胶支座的橡胶材料。−25 ~ +60℃地区可选用氯丁橡胶支座；−40 ~ +60℃地区可选用三元乙丙橡胶支座或天然橡胶支座。

7.4.3 砌筑工程材料应符合下列规定：

1 桥梁、涵洞砌筑工程石材强度等级不应低于 MU30，抗冻性能指标应大于 50 次；砌块用水泥混凝土强度等级不应低于 C_a30；砂浆强度等级不应低于 M_a25。

2 砌筑砂浆用砂的细度模数应符合中砂要求，最大粒径不应大于 4.75mm。当灰缝宽度小于或等于 10mm 时，最大粒径不应大于 2.36 mm。

3 拱桥拱上填料应采用不冻胀材料填筑。

7.5 结构抗冻计算

7.5.1 墩、台身和扩大基础抗冻拔稳定性可按式（7.5.1-1）计算：

$$F_k + G_k + Q_{sk} \geq kT_k \quad (7.5.1\text{-}1)$$

$$Q_{sk} = q_{sk}A_s \quad (7.5.1\text{-}2)$$

$$T_k = Z_d \tau_{sk} u \quad (7.5.1\text{-}3)$$

式中：F_k——作用在基础上的结构自重（kN）；

G_k——基础自重及襟边上的土自重（kN）；

Q_{sk}——基础周边融化层的摩阻力标准值（kN）；

k——冻胀力修正系数，砌筑或架设上部结构前，取 $k=1.1$；砌筑或架设上部结构后，对外静定结构取 $k=1.2$，对外超静定结构取 $k=1.3$；

T_k——对基础的切向冻胀力标准值（kN）；

q_{sk}——基础侧面与融化层单位面积摩阻力标准值（kPa），无实测资料时，对黏质土可采用 20～30kPa，对砂类土及碎石土可采用 30～40kPa；

A_s——融化层中基础的侧面面积（m²）；

Z_d——设计冻深（m），$Z_d = Z_0 \psi_{zs} \psi_{zw} \psi_{ze} \psi_{zg} \psi_{zf}$，式中符号及取值参见本规范第 7.2.1 条，当基础埋置深度 h 小于 Z_d 时，Z_d 采用 h；

τ_{sk}——季节性冻土单位面积切向冻胀力标准值（kPa），按表 7.5.1 选用；

u——在季节性冻土层中，基础和墩身的平均周长（m）。

表 7.5.1 季节性冻土单位面积切向冻胀力标准值 τ_{sk}（kPa）

基础形式	地基土冻胀等级				
	不冻胀	弱冻胀	冻胀	强冻胀	特强冻胀
墩、台、柱、桩基础	0～15	15～80	80～120	120～160	160～200
条形基础	0～10	10～40	40～60	60～80	80～100

注：本表按现行《公路桥涵地基与基础设计规范》（JTG D63）相关规定确定，其中条形基础系指基础长宽比大于或等于 10 的基础。对表面光滑的预制桩，τ_{sk} 乘以 0.8。

7.5.2 柱身和桩基础抗冻拔稳定性可按式（7.5.2-1）验算：

$$F_k + G_k + Q_{fk} \geq kT_k \quad (7.5.2\text{-}1)$$

$$Q_{fk} = 0.4u \sum q_{ik} l_i \quad (7.5.2\text{-}2)$$

式中：F_k——作用在柱身和桩基础顶上的竖向结构自重（kN）；

G_k——柱身和桩基础自重，对水位以下且桩（柱）底为透水土的取浮重度；

Q_{fk}——柱身和桩基础在冻结线以下各土层的摩阻力标准值之和（kN）；

T_k——每根柱身和桩基础的切向冻胀力标准值（kN），按式（7.5.1-3）计算，式中 u 为桩（柱）周长（m）；

q_{ik}——柱身和桩基础在冻结线以下各土层单位面积摩阻力标准值（kPa），按《公路桥涵地基与基础设计规范》（JTG D63—2007）选用；

l_i——冻结线以下各土层的厚度（m）；

其余符号意义同前。

7.5.3 施工过程中当切向冻胀力较大时，应按照抗拉构件验算墩、台身、扩大基础和柱身、桩基础薄弱截面处的强度，切向冻胀力及结构自重、摩阻力等参数应按本规范第 7.5.1 条及第 7.5.2 条取值。

7.5.4 轻型桥台可简化为上下端均为铰接的简支梁进行抗冻强度验算，填土水平冻胀力的大小和分布可按图 7.5.4 和表 7.5.4 确定。

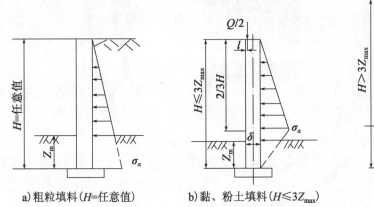

图 7.5.4 轻型桥台抗冻计算简图

表 7.5.4 桥台最大单位面积水平冻胀力标准值 σ_a

填土冻胀等级	不冻胀	弱冻胀	冻胀	强冻胀	特强冻胀
冻胀率（%）	$\eta \leq 1$	$1 < \eta \leq 3.5$	$3.5 < \eta \leq 6$	$6 < \eta \leq 12$	$\eta > 12$
单位面积水平力标准值 σ_a（kPa）	$\sigma_a < 15$	$15 \leq \sigma_a < 70$	$70 \leq \sigma_a < 120$	$120 \leq \sigma_a < 200$	$\sigma_a \geq 200$

条文说明

季节性冻土地区的桥梁、涵洞结构，由于土的冻胀作用对支挡结构物（桥台前、侧墙，挡土墙等）的墙背产生远大于土压力的水平冻胀力，调查发现公路轻型、U形桥台因冻胀发生裂缝、倾覆或倒坍等损坏很多。本条除对台后填土提出抗冻要求外，对轻型桥台还提出了强度验算方法，计算图式和台后土体最大单位水平冻胀力根据现行《冻土地区建筑地基基础设计规范》（JGJ 118）有关章节及相关研究成果确定。

7.6 桥梁和涵洞施工

7.6.1 桥梁、涵洞地基土换填时，应粗细集料混合均匀并夯实；宜选用砂、碎石、砾石等粗粒材料回填基坑，并夯填密实。

7.6.2 桥梁、涵洞基础浇筑（或砌筑）后应在地基土冻结前回填覆盖，并满足设计埋深要求。冬季施工时和完工后，基础的地基均不得受冻。

7.6.3 冬季施工期间，钢筋的焊接、冷拉及预应力筋应符合下列规定：
1 焊接钢筋宜在室内进行。当必须在室外进行时，最低温度不宜低于−20℃，并应采取防雪挡风等措施，减少焊件温度差，焊接后的接头冷却前不得接触冰雪。
2 冷拉钢筋时环境温度不宜低于−15℃，当采取可靠的安全措施时可不低于−20℃；当采用控制应力或冷拉率方法冷拉时，冷拉控制应力宜较常温时提高，提高值应经试验确定。
3 预应力筋张拉时的环境温度不宜低于−15℃，并不得灌浆。

7.6.4 冬季施工期间，混凝土配制和搅拌应符合下列规定：
1 拌制混凝土的各种材料的温度，应满足混凝土拌合物的温度要求。当材料原有温度不能满足需要时，应加热拌和用水；仍不能满足要求时，再对集料加热。水泥只能保温，不得加热。
2 冬季搅拌混凝土时，应严格控制混凝土的配合比和坍落度。集料应用保温材料进行覆盖，不得带有冰雪和冻结团块。投料前，应先用热水或蒸汽冲洗搅拌机。加料顺序为集料、水，稍加搅拌，再加水泥搅拌，时间应比常温时延长50%。混凝土拌合物的出机温度不宜低于10℃，入模温度不应低于5℃。

7.6.5 冬季施工期间，混凝土运输和浇筑应符合下列规定：
1 混凝土的运输时间宜缩短，运输混凝土的容器应有保温措施。
2 混凝土在浇筑前应清除模板、钢筋上的冰雪和污垢。浇筑完成后开始养护时的温度，用蓄热法养护时不得低于10℃；用蒸汽法养护时不得低于5℃，细薄结构不得低于8℃。
3 冬季施工在浇筑下一级混凝土时，应在新混凝土浇筑前对接合面加热，其温度应保持在5℃以上。浇筑完成后，应采取措施使混凝土结合面继续保持正温，直至新浇混凝土达到规定的抗冻强度。

4　浇筑预应力混凝土构件的湿接缝时，宜采用热混凝土或热水泥砂浆，并应适当降低水灰比。浇筑完成后应加热或连续保温养护，直至接缝混凝土或水泥砂浆抗压强度达到设计强度的75%。

5　预应力混凝土的孔道压浆应在正温下进行，压浆过程中及压浆后48h内，结构混凝土的温度不得低于5℃。

7.6.6　混凝土养护应符合下列规定：
1　冬季施工期间，混凝土抗压强度未达到设计强度的80%时不得受冻。
2　混凝土的养护方法，应根据技术、经济比较和热工计算确定。当气温较低、结构表面积系数较大，蓄热法不能适应强度增长速度要求时，可根据具体情况，选用蒸汽加热、暖棚加热或电加热等方法，并应符合本规范第4.5.3条的有关规定。

7.6.7　当采用引气混凝土时，对外观质量要求较高的部位宜使用透水模板布或清水混凝土脱模剂。

7.6.8　桥梁伸缩缝预留槽及其他小体积混凝土应采用机械拌制并振捣密实。

7.6.9　位于水中的墩柱混凝土，冻前应达到设计强度。

7.6.10　防水防腐涂层及硅烷类材料的技术要求、施工工艺应符合现行《公路工程混凝土结构防腐蚀技术规范》（JTG/T B07-01）及《海港工程混凝土结构防腐蚀技术规范》（JTJ 275）的有关规定。

7.6.11　伸缩装置应按设计要求设置，且在适应的温度范围内安装。气温在5℃以下时，橡胶伸缩装置不得施工。

8 隧道设计与施工

8.1 一般规定

8.1.1 隧道抗冻设计及施工应综合考虑防水、排水、保温措施，根据施工现场情况进行动态设计及施工方案调整。

条文说明

低温和水是隧道发生冻害的必要条件，因此在季节性冻土地区将完善的隧道防排水系统和保温技术相结合，才能达到不渗、不漏、不冻胀的目的。

8.1.2 应根据气候因素和地下水赋存条件确定隧道不同区段的抗冻设防等级，根据抗冻设防等级选择抗冻方案。

8.1.3 隧道位置应避免穿越水文地质复杂的地段，减少因渗漏水导致的隧道冻害。隧道洞口宜选择背风向阳、不易积雪、易于排水的位置；在降雪量较大地区，隧道洞口不宜设在边坡和仰坡较为陡峻的位置。

8.1.4 隧道防水与排水设计应综合考虑地表水、地下水对隧道运营的影响，隧道内外形成完整的排水系统。

8.1.5 应根据抗冻设防等级分别采取深埋中心排水沟、排水管局部保温、衬砌全断面保温等技术措施，防止衬砌背后排水管、排水沟及其出口冻结堵塞。

条文说明

目前，隧道抗冻措施主要有防排水法、隔热保温法和加热法，也可以采用上述几种方法的组合。其中，防排水法及隔热保温法属于被动抗冻方法，应用较多且效果较好、技术相对成熟。而加热法属主动抗冻方法，该方法能耗大，要求具有一定的前提条件，目前仍处于试验研究阶段，但是作为辅助性手段，在衬砌及排水设施的局部抗冻措施中已得到应用。

8.1.6 隧道施工过程中，有漏水现象时，应采取有效措施迅速止水；有侵蚀性地下水时，应针对侵蚀类型压注抗侵蚀浆液。

8.1.7 应采用二次注浆的方法填充初期支护与围岩之间、二次衬砌与初期支护间存在的空隙。

条文说明

调查研究表明，采用二次注浆的方法填充初期支护与围岩之间、二次衬砌与初期支护间存在的空隙，能够保证衬砌结构受力均匀及避免积水结冰。

8.1.8 隧道进出口宜设透明明洞，有条件时，可采用空气幕、电伴热、地源热泵等技术对隧道进出口进行保温防冻。

8.2 隧道抗冻设防等级

8.2.1 设计断面处的隧道围岩冻结深度宜通过对临近既有隧道温度场现场实测确定；无实测资料时，可按式（8.2.1）计算：

$$Z_s(x) = K_\lambda Z_0 \frac{t(x)}{t_0} \tag{8.2.1}$$

式中：$Z_s(x)$——隧道设计断面 x 处的围岩冻结深度（m）；

x——隧道设计断面距洞口的距离（m）；

K_λ——围岩类别对冻深的影响系数，按表 8.2.1 选用；

Z_0——隧道所在地区标准冻深（m）；

$t(x)$——隧道设计断面处最冷月平均气温（℃），根据隧道沿进深温度梯度推算，无资料时隧道中点至洞口段温度梯度可按 0.1℃/10m 考虑；

t_0——隧道所在地区最冷月平均气温（℃）。

表 8.2.1 围岩类别对冻深的影响系数

围岩类别	黏质土、粉质土	砂类土、碎石土	岩石
K_λ 值	1.0	1.1~1.3	1.3~2.0

条文说明

围岩冻结深度与洞口段松散岩石冻深成正比关系，而洞口段松散岩石冻深与地区标准冻深也存在必然联系。本条公式参照原铁道部第二勘测设计院编著的《铁路工程设计技术手册——隧道》提出的中心深埋水沟埋深公式给出。土石冻结深度与导热系数密切相关，导热系数大小主要受材料矿物成分、密度、含水率、温度等因素影响。由于积累数据有限，本规范列出黏质土、粉质土、砂类土、碎石土及岩石的围岩类别对冻深的影响系数，具体应用时以实测数据为准。

隧道温度沿隧道进深方向变化规律是决定保温设防长度的关键因素。影响隧道温度梯度的因素较多，目前关于这方面的研究资料较少、实测数据不多且规律性不强，有待不断积累数据。吉林省两座高速公路隧道（新交洞隧道、高岭隧道）的部分实测结果表明，温度梯度（隧道中点与洞口比较）变化范围分别为10℃/1 345m（11月份）、10℃/968m（2月份）。吉林省依托高岭隧道和东南里隧道开展的某研究项目，通过模拟分析及部分实测结果统计，提出无电伴热时隧道保温隔热设防长度，见表8-1。

表8-1 无电伴热时隧道保温隔热设防长度（m）

隧道长度（m）	隧道所在地区最冷月平均气温（℃）			
	-5	-10	-15	-20
500	全长	全长	全长	全长
500~1 000	300	全长	全长	全长
1 000~3 000	300	400	800	全长

8.2.2 应根据隧道设计断面所在位置的最冷月平均气温或围岩冻结深度，按表8.2.2确定隧道区段的寒冷程度。

表8.2.2 隧道区段寒冷程度分级

寒冷程度	气候条件	
	最冷月平均气温（℃）	围岩冻结深度（m）
严寒	< -15	>1.8
寒	-8 ~ -15	1.0 ~ 1.8
冷	0 ~ -8	0.2 ~ 1.0

注：按最冷月平均气温、围岩冻结深度判定的最不利情况确定。

8.2.3 应根据隧道围岩地下水赋存与补给形式和开挖后地下水渗入隧道情况，按表8.2.3确定围岩地下水状况分级。

表8.2.3 围岩地下水状况分级

围岩地下水状况	地下水条件	
	地下水赋存与补给条件	开挖后地下水渗入隧道情况
富水	富水隧道，水平或垂直补给	常年渗、涌水或持续涌水
含水	含水隧道，无补给	渗、涌水
贫水	干燥隧道或含少量水隧道，无补给	无水或少量渗、滴水

条文说明

根据长安大学"隧道冻害防治技术研究"的研究成果及吉林省和其他省份多座新

建隧道抗冻设计对围岩地下水的分类方法进行分级。

8.2.4 应根据寒冷程度和围岩地下水状况对隧道冻害的影响，按表 8.2.4 确定隧道抗冻设防等级。

表 8.2.4 季节性冻土地区隧道抗冻设防等级

寒冷程度	围岩地下水状况		
	富水	含水	贫水
严寒	一级	一级	二级
寒	一级	二级	三级
冷	二级	三级	三级

条文说明

根据冻害对隧道结构功能及行车安全的影响，结合隧址区气候、水文地质条件等对隧道冻害进行综合分级，以便选取相应的抗冻技术措施。本条参照长安大学"隧道冻害防治技术研究"研究成果相关内容，并参考了全国多座新建及既有隧道抗冻设计及病害处治中总结的抗冻设防等级分类方法。

8.3 抗冻保温构造

8.3.1 衬砌结构构造应符合下列规定：

1 隧道应采用复合式衬砌结构，二次衬砌宜采用等厚度，根据抗冻需要可对衬砌结构混凝土增加配筋。

2 隧道衬砌的施工缝应直通衬砌基底，沉降缝、伸缩缝、施工缝宜设在同一位置。一级、二级抗冻设防等级的隧道衬砌设缝分段长度不宜大于 10m。

条文说明

季节性冻土地区隧道衬砌环向为等厚度时，隧道顶部和两侧衬砌壁厚的冰冻能同时开始、同时消融。衬砌由于冷缩影响，往往导致开裂，为了适应温度变化，防止衬砌由于温度应力引起的开裂，需要设伸缩缝。

8.3.2 抗冻保温构造应符合下列规定：

1 隧道表面抗冻保温构造，从衬砌表面起应依次为黏结层、保温层、防火层。保温层材料可采用酚醛泡沫、硬质聚氨酯泡沫或干法硅酸铝纤维等隔热材料。

2 隧道复合式衬砌抗冻保温构造，应从喷射混凝土表面起，依次为防水板、保温层、防水板、二次衬砌。

3 隧道 U 形沟槽抗冻保温构造，应在接缝、开裂等漏水或冻结处挖 U 形沟槽形成线状导水孔道，嵌入保温材料或将保温材料挂在衬砌表面，如图 8.3.2 所示。
1) 当隧道净空满足要求时宜采用外贴型。
2) 对寒冷程度较高、冻结现象严重的部位，采用的保温材料宽度宜大于 3 倍 U 形槽宽度。
3) 对寒冷程度较低、冻结现象轻微的部位，可采用内嵌 I 型的方法。

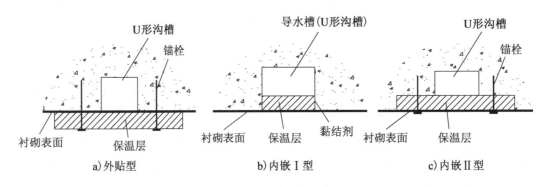

图 8.3.2 隧道 U 形沟槽抗冻保温构造示意图

条文说明

表面保温法、复合式衬砌保温法、U 形沟槽法为季节性冻土地区隧道衬砌结构常用的 3 种抗冻保温方法。保温法是在衬砌表面或初期支护与二次衬砌之间设隔热材料，围岩的热量在冬季不易逸出隧道衬砌，使隔热材料靠近围岩一侧的表面温度在冰点以上，从而能够防止冻害的发生。表面保温法是在衬砌表面设隔热材料，隧道设计时需预留净空空间，保温层外需设置可靠的防火层；复合式衬砌保温法的隔热层设在初期支护和二次衬砌中间，其厚度薄，效果可靠，耐久性也较好，故在冻胀力大、材料易于劣化的场合采用此法较好；U 形沟槽法适用于发生线状漏水、寒冷程度较低的既有隧道，在冰冻严重的寒冷地区，U 形沟槽需要与电拌热技术结合使用。

8.3.3 防水及排水构造应符合下列规定：
1 隧道抗冻设防等级为二级、三级时，可采用岩棉保温层对隧道纵向排水管路进行局部保温；抗冻设防等级为一级时，宜在排水管路外侧预埋 PVC 管，必要时可通过电伴热对排水管路进行加热。
2 可通过设置保温层对隧道环向排水管进行局部保温，环向排水管由上而下直通隧道中心排水沟。
3 施工缝处宜采用蝶形中埋式可排水止水带或梯形背贴式可排水止水带。
4 隧道应设纵向中心排水沟，排水沟应埋入冻结线以下，洞口附近冻结区的中央排水沟内可预埋 PVC 管，必要时可通过电伴热加热融冰。
5 隧道纵向出水口宜设在排水顺畅、背风向阳的位置，出口段排水坡度不宜小于 10%，出水口构造及材料应有利于蓄热和保温。

6 路侧边沟需要保温时应设双层保温盖板，上、下盖板间可填充具有防潮功能的保温材料。

8.4 衬砌结构抗冻设计

8.4.1 衬砌结构混凝土的抗冻等级应根据其冻融环境等级按本规范第4.2节、第4.3节规定确定，抗渗等级不应低于W8。

8.4.2 对抗冻设防等级为三级的隧道区段，其衬砌结构设计计算可不考虑冻胀力荷载影响，宜采用钢筋混凝土结构或适当增加衬砌结构厚度。

条文说明

研究表明，冻胀力作用对衬砌结构产生附加压应力，对结构受力产生不利影响。抗冻设防等级为三级的隧道区段，由于冻胀力附加应力较小，通常采用钢筋混凝土或适当增加衬砌结构厚度等措施增加衬砌结构安全储备。为减少开挖工程量、避免洞顶掉块，工程上常用钢筋混凝土衬砌结构。

8.4.3 对抗冻设防等级为一级、二级的隧道区段，衬砌结构设计应考虑冻胀力荷载影响，根据计算进行配筋或调整衬砌结构厚度。必要时应增设防冻保温层。

条文说明

研究表明，对抗冻设防等级为一级、二级的隧道区段，冻胀力作用对衬砌结构产生的附加压应力不可忽略。冻胀力附加应力较大时，单靠隧道支护结构难以解决，并且施工难度及工程造价均会大幅提高。为了减小或消除冻胀力，在工程应用中，一般采用保温防冻的措施。

8.4.4 隧道衬砌冻胀力应作为可变荷载。冻胀力大小应根据当地的自然条件、冬季围岩含水率及排水条件等因素，结合经验或试验研究确定。

8.4.5 应根据抗冻设防等级，按表8.4.5确定衬砌结构的抗冻保温措施。

表8.4.5 隧道衬砌结构抗冻保温措施

抗冻设防等级	衬砌结构抗冻保温措施
一级	应设防冻保温层
二级	宜设防冻保温层或增加配筋、增大衬砌厚度
三级	宜增加配筋或增大衬砌厚度

条文说明

季节性冻土地区隧道衬砌结构保温防冻措施主要有保温法和加热法。

保温法是在衬砌表面或初期支护与二次衬砌之间设置隔热材料形成防冻隔热层,使围岩的热量在冬季不易逸出,并保持防冻隔热层的背面温度在冰点以上,从而防止冻害的方法。保温法一般有局部保温法和整体保温法两种。局部保温法一般采用U形沟槽插入隔热材料法(针对既有隧道冻害治理)。整体保温法包括表面喷涂、表面铺设和中间铺设3种。需结合隧道工程实际情况,考虑渗漏水、冻害程度和断面净空富余量等,选择合理的冻害处治方法。黑龙江省雾淞岭隧道冻害防治应用了表面喷涂法,四川省鹧鸪山隧道、黑龙江省哈尔滨绕城高速天恒山隧道冻害防治应用了表面铺设法,河北省承德梯子岭隧道冻害防治应用了中间铺设法。

加热法是采用电热器或者在衬砌表面设置发热体,从而使衬砌表面变热防止冻害发生的方法。加热法一般有电热法、供暖法和暖管法3种。供暖法和暖管法要求具有供热及地热条件。电加热方法能耗大,目前仍处于试验研究阶段。

8.4.6 隧道采用表面保温抗冻构造时,防冻保温层厚度可按式(8.4.6)计算:

$$\frac{1}{\lambda_p}\ln\frac{r+Z_s(x)}{r}=\frac{1}{\lambda}\ln\frac{r+\delta}{r} \tag{8.4.6}$$

式中:λ_p——围岩导热系数[W/(m·K)],宜根据现场情况进行实测,无实测条件时可按表8.4.6取值;

　　　　r——衬砌结构的曲率半径(m);

　　　　$Z_s(x)$——围岩的冻结深度(m);

　　　　λ——防冻保温材料导热系数[W/(m·K)],取材料实测值;

　　　　δ——保温层的厚度(m),当计算值小于0.05m时,取$\delta=0.05$m。

表8.4.6 围岩导热系数

围岩类别	导热系数λ_p[W/(m·K)]	围岩类别	导热系数λ_p[W/(m·K)]
泥质页岩	1.55~2.19	闪长岩	2.15~2.44
致密砂岩	1.28~3.02	粗粒土	1.25~1.55
石灰岩	0.81~2.19	细砂土	0.80~1.18
大理岩	3.02~3.72	黏质土	0.70~1.12
花岗岩	2.36~3.61		

条文说明

表8.4.6中的数值根据苏联《岩石和矿石物理性质测定方法指南》和《公路设计手册——路基(第二版)》(人民交通出版社)确定。

8.4.7 复合式衬砌保温法防冻保温层厚度可按式(8.4.7)计算:

$$\frac{1}{\lambda_p}\ln\frac{r+Z_s(x)}{r}=\frac{1}{\lambda}\ln\frac{r+\delta_2+\delta}{r+\delta_2}+\frac{1}{\lambda_2}\ln\frac{r+\delta_2}{r} \qquad (8.4.7)$$

式中：λ_2——二次衬砌混凝土的导热系数[W/(m·K)]，按表8.4.7选用；

δ_2——二次衬砌混凝土的厚度（m）；

其他符号意义同前。

表8.4.7 衬砌混凝土导热系数

衬砌混凝土	表观密度（g/cm³）	导热系数[W/(m·K)]
钢筋混凝土	2.5~2.6	1.74
素混凝土	2.4	1.65

条文说明

防冻保温层厚度计算是依据绝热原理，对不同导热性能的两种材料（围岩和防冻隔热层），欲使其隔热效果相同，令其热流量相同，即同一热流量通过不同导热性能、不同厚度的材料，根据两侧的温差相等，能够解出这两种材料的等效厚度。隧道是个管状结构，且隧道围岩的冻结深度较大，故按圆筒计算其热流量。对隧道横断面方向的热传导，可以近似认为是温度只沿径向变化的一维圆筒热传导问题。

使用式（8.4.6）、式（8.4.7）时，保温层初始值δ取0.05m，进行保温防冻厚度δ的迭代计算，直至满足要求。

有条件时，通过对隧道温度场现场实测，确定最大冻结深度。无实测资料时，需要根据气象资料，查出地表的松散岩（土）体的冻结深度（或在洞口实测），根据等效厚度法原理换算成围岩的最大冻结深度。围岩最大冻结深度计算时把地壳看作是一个均质的、半无限大物体，地球表面一定范围内的热传导问题看作是单层平板热传导问题。

本条参照长安大学"隧道冻害防治技术研究"的相关研究成果。

8.4.8 抗冻保温材料性能指标应符合表8.4.8的要求。

表8.4.8 抗冻保温材料主要性能指标

性能项目	性能指标
导热系数[W/(m·K)]	<0.04
抗压强度（MPa）（变形10%时）	>0.1
燃烧性能	二次衬砌外表面保温材料不低于B1级
	初期支护、二次衬砌之间保温材料不低于B2级

注：抗冻保温材料燃烧性能按现行《建筑材料及制品燃烧性能分级》（GB 8624）执行。

8.5 防水和排水设计

8.5.1 排水设施应根据隧道的抗冻设防等级按表8.5.1确定冻害预防措施。

表8.5.1 隧道排水设施冻害预防措施

抗冻设防等级	排水设施冻害预防措施
一级	应设防寒泄水洞、深埋中心排水沟、保温边沟
二级	宜设深埋中心排水沟、保温边沟或排水管局部保温
三级	宜设保温边沟或排水管局部保温

条文说明

最冷月份平均气温在 −15 ～ −10℃之间，当地黏质土冻结深度在1.0～1.5m范围内，采用深埋中心排水沟；最冷月份平均气温在 −25 ～ −15℃之间，当地黏质土冻结深度在1.5～2.5m范围内，在洞口段采用深埋中心排水沟，将水沟埋置于洞内相应的冻结深度以下，利用地温达到沟内水流不冻结的目的；最冷月份平均气温低于 −25℃，当地黏质土冻结深度大于2.5m时，采用明挖中心沟，埋深过大，施工困难，且有可能影响边墙和隧道的稳定时，在主隧道下设置防寒泄水洞。泄水洞设置位置要低于当地围岩最大冻结深度，并且不影响主隧道结构稳定。

8.5.2 隧道注浆材料宜以水泥类为主，可采用快凝早强水泥，注浆终压宜为0.5～1.0MPa。注浆材料性能指标宜按表8.5.2确定。

表8.5.2 注浆材料性能指标

性能要求	黏度 (10^{-3}Pa·s)	可能注入的最小粒径 (mm)	渗透系数 (cm/s)	凝胶时间	抗压强度 (MPa)	扩散半径 (m)	主要成分
纯水泥浆	15～140	1	10^{-3}～10^{-1}	6～15h	10～25	20～30	水泥基其他附加剂
水泥水玻璃浆	15～140	1	10^{-3}～10^{-2}	数秒至几十分钟	5～20	20～30	水泥及水玻璃
水玻璃类	3～4	0.1	10^{-2}	瞬间至几十分钟	<3	30～40	水玻璃及助剂
丙烯酰胺类	1.2	0.01	10^{-6}～10^{-5}	十几秒至几十分钟	0.4～0.6	50～60	丙烯酰胺、过硫酸铵、N—N'-亚甲基双丙烯酰胺

8.5.3 防水层材料的性能指标宜满足表8.5.3的要求，防水层垫层宜选用单位面积质量不小于400g/m²的土工布。

表8.5.3 防水层材料主要性能指标

项目	性能要求		
	乙烯-醋酸乙烯共聚物（EVA）	乙烯-醋酸乙烯与沥青共聚物（ECB）	聚乙烯（PE）
断裂拉伸强度（MPa）	≥18	≥17	≥18
扯断伸长率（%）	≥650	≥600	≥600

续表 8.5.3

项 目		性 能 要 求		
		乙烯-醋酸乙烯共聚物（EVA）	乙烯-醋酸乙烯与沥青共聚物（ECB）	聚乙烯（PE）
撕裂强度（kN/m）		≥100	≥95	≥95
不透水性（0.3MPa,24h）		无渗漏	无渗漏	无渗漏
低温弯折（℃）		≤-35 无裂缝	≤-35 无裂缝	≤-35 无裂缝
加热伸缩量	延伸（mm）	≤2	≤2	≤2
	收缩（mm）	≤6	≤6	≤6
热空气老化（80℃,168h）	断裂拉伸强度（MPa）	≥16	≥14	≥15
	扯断伸长率（%）	≥600	≥550	≥550
耐碱性[饱和 Ca(OH)$_2$ 溶液,168h]	断裂拉伸强度（MPa）	≥17	≥16	≥16
	扯断伸长率（%）	≥600	≥600	≥550
人工气候老化	断裂拉伸强度保持率（%）	≥80	≥80	≥80
	扯断伸长率保持率（%）	≥70	≥70	≥70
刺破强度（N）	1.5mm	≥300	≥300	≥300
	2.0mm	≥400	≥400	≥400
	2.5mm	≥500	≥500	≥500
	3.0mm	≥600	≥600	≥600

条文说明

表 8.5.2 根据《隧道与地下工程防排水指南》（吕康成，人民交通出版社，2012 年 3 月）确定。表 8.5.3 根据《铁路隧道防水材料暂行技术条件》（科技基〔2008〕21 号）确定。

8.6 保温层施工

8.6.1 表面铺设保温层施工，应符合下列规定：

1 施工前检查二次衬砌表面平整度，应清除尖锐凸出物，打磨、平整错台和凹凸不平部位。

2 定位放线，自下而上顺序安装龙骨，安装偏差不应超过 5mm；镀锌膨胀螺栓与隧道二次衬砌连接牢固。

3 应使用专用胶粘贴安装保温板材，并用发泡胶封堵缝隙，龙骨与保温板间应牢固连接，施工面随二次衬砌表面圆滑过渡。

4 铺设保温层应考虑风荷载的作用、自重以及外界气候的长期反复作用等因素，不得出现面层剥落、保护层脱落、裂缝等。

8.6.2 表面喷涂保温层施工，应符合下列规定：

1 喷涂施工的环境温度宜不低于10℃，且不高于40℃，风速应不大于5m/s（3级风），相对湿度应小于80%。隧道洞口宜做遮蔽，防止泡沫飞溅污染环境。

2 喷涂施工前，应检查隧道二次衬砌表面的平整度，清除尖锐凸出物和表面污物，打磨、平整错台和凹凸不平部位。

3 喷涂后的抗冻保温层应熟化48～72h后再进行下道工序的施工。

4 喷涂保温层应连续、饱满，保温层表面平整度偏差不宜大于6mm。

5 可使用聚合物乳液砂浆修饰并保护保温层。

8.6.3 复合式衬砌保温层施工，应符合下列规定：

1 初期支护表面应除污清理。

2 复合式防水板宜采用涂胶粘贴的方法粘贴到初期支护表面，粘贴过程中应保证防水板平整、无褶皱、无破损、与洞壁密贴，接缝粘贴防水可靠。

3 在隧道初期支护表面有湿渍的区段，应对铺设好的防水层进行工间检测，无渗漏缺陷后方可进行后续作业。

4 保温层保温板宜预制成型，洞内拼装后方可粘贴施工。保温板与防水板应紧贴密实、无空鼓、整体平整度良好。

8.6.4 隧道保温层施工，必须保证施工防火安全。施工前应制定详细的防火预案、施工操作规程，并进行全员培训。防火安全员应在现场值班。施工现场应配备消防器材并不得堆放可燃材料。

条文说明

隧道保温层施工处于半封闭空间，一旦发生火灾，可燃性气体和有毒气体排空困难，人员难以疏散，需要高度重视消防安全。

8.6.5 U形沟槽施工，应保证保温层粘贴或锚固牢靠，电伴热接口易于检查维护。

附录 A 气象资料

表 A-1 中国季节性冻土地区典型测站相关气象参数参考值

省份	测站	最大年降水量（mm）	冻结指数（℃·d）	最低气温（℃）		最热 7d 平均最高气温（℃）		混凝土年有害冻融循环次数
			多年最大值	多年平均	标准差	多年平均	标准差	
黑龙江	牡丹江	716	2 060	−32	3	31	2	93
	哈尔滨	753	2 140	−34	3	31	1	80
	鹤岗	965	2 085	−30	3	30	2	74
	齐齐哈尔	591	2 246	−32	3	31	2	100
	佳木斯	924	2 117	−34	3	31	2	74
	黑河	739	2 843	−37	3	30	2	53
	大兴安岭	747	3 323	−42	3	30	2	68
	伊春	881	2 572	−39	2	30	2	69
内蒙古	呼和浩特	562	1 028	−25	3	31	2	145
	赤峰	678	1 134	−25	2	33	2	142
	通辽	664	1 646	−28	3	32	2	116
	海拉尔	360	3 097	−40	3	30	2	73
	多伦	565	1 811	−33	3	28	2	129
吉林	集安	1 295	1 100	−28	4	32	2	83
	四平	769	1 513	−28	3	31	1	103
	延吉	360	1 459	−28	3	31	2	119
	通化	1 295	1 461	−31	3	30	2	96
	长春	861	1 799	−29	3	31	2	90
	白城	559	2 092	−31	3	32	2	116
辽宁	大连	977	360	−16	3	29	1	68
	丹东	1 590	718	−21	3	30	2	94
	营口	880	892	−23	3	31	1	93
	朝阳	726	898	−26	4	33	2	135
	宽甸	1 590	1 081	−30	4	30	2	103
	沈阳	1 076	1 225	−27	2	31	2	93
	本溪	1 244	1 217	−28	3	31	2	83

续表 A-1

省份	测站	最大年降水量（mm）	冻结指数（℃·d）多年最大值	最低气温（℃）多年平均	最低气温（℃）标准差	最热7d平均最高气温（℃）多年平均	最热7d平均最高气温（℃）标准差	混凝土年有害冻融循环次数
新疆	喀什	159	383	-18	4	34	1	112
新疆	吐鲁番	33	578	-18	3	42	1	100
新疆	阿拉尔	92	605	-21	3	35	1	117
新疆	伊宁	449	850	-29	4	34	1	73
新疆	哈密	197	897	-23	3	37	2	123
新疆	塔城	440	1 262	-30	4	34	2	78
新疆	乌鲁木齐	419	1 462	-27	4	34	2	64
新疆	克拉玛依	154	1 739	-29	4	37	1	56
新疆	石河子	340	1 701	-32	3	36	1	58
新疆	阿勒泰	326	1 838	-35	5	32	1	65
西藏	林芝	529	50	-12	1	25	1	62
西藏	拉萨	620	182	-15	2	26	2	152
西藏	日喀则	647	365	-20	2	25	1	183
西藏	昌都	795	232	-18	2	28	1	131
西藏	那曲	868	1 712	-31	4	18	2	213
青海	西宁	431	760	-21	2	28	2	139
青海	班玛	804	876	-25	2	22	2	162
青海	久治	804	1 190	-29	3	20	2	166
青海	玉树	652	755	-24	2	23	2	177
青海	德令哈	253	1 093	-27	4	27	2	182
甘肃	天水	558	154	-14	2	32	2	66
甘肃	兰州	457	338	-17	2	33	2	117
甘肃	临夏	609	540	-20	2	28	2	114
甘肃	武威	251	713	-23	3	32	1	135
甘肃	酒泉	147	858	-25	3	31	1	154
甘肃	张掖	286	837	-24	2	32	2	152
河北	邢台	799	158	-14	4	35	1	71
河北	石家庄	1 098	184	-15	3	35	1	69
河北	保定	947	247	-16	3	35	2	87
河北	秦皇岛	929	497	-17	3	31	1	85
河北	唐山	963	353	-18	2	32	2	95
河北	张家口	592	708	-21	2	33	2	124
北京	北京	813	308	-16	3	34	2	93

续表 A-1

省份	测站	最大年降水量 (mm)	冻结指数 (℃·d)	最低气温 (℃)		最热 7d 平均最高气温 (℃)		混凝土年有害冻融循环次数
			多年最大值	多年平均	标准差	多年平均	标准差	
天津	天津	716	317	-15	3	33	1	84
陕西	汉中	976	22	-7	1	33	2	4
	西安	769	92	-11	3	36	1	38
	宝鸡	698	87	-10	2	35	1	34
	延安	691	466	-20	2	33	1	95
	横山	456	744	-23	2	33	2	122
	榆林	456	804	-25	3	33	2	126
山西	运城	658	102	-14	2	36	2	57
	临汾	689	194	-17	3	35	1	78
	太原	696	393	-20	2	32	1	105
	离石	689	601	-22	2	32	2	112
	大同	554	940	-26	2	31	2	134
	五寨	659	1 290	-31	2	29	2	141
宁夏	银川	287	607	-22	3	32	1	128
	固原	662	736	-24	3	28	2	125
河南	南阳	1 095	67	-10	3	35	2	13
	郑州	1 000	91	-12	2	35	2	35
	三门峡	824	93	-11	2	35	2	54
	商丘	938	112	-12	2	35	2	38
	安阳	853	153	-13	3	35	1	59
山东	青岛	882	115	-11	2	30	1	38
	济南	872	171	-13	2	35	1	53
	威海	1 004	158	-11	2	31	1	40
	潍坊	705	275	-16	2	34	2	70
	泰安	564	785	-22	2	23	1	67
四川	成都	1754	2	-4	1	33	1	0
	巴塘	1 035	6	-11	2	32	2	86
	甘孜	845	573	-21	3	25	2	98
	理塘	1 035	691	-23	4	20	1	157
	峨眉山	1 754	704	-17	2	18	1	46

注：进行公路工程材料与结构抗冻设计时，应依据实际调查数据或实测资料。表中数据是利用气象部门实测数据统计计算确定的，供设计人员参考。
1. 最大年降水量是利用 1990～2000 年气候资料计算确定的。
2. 冻结指数是利用 1990～2000 年气候资料计算确定的多年最大值。
3. 最低气温是每年气温的最低值，最热 7d 平均最高气温是每年连续 7d 的日最高气温平均值的最大值。利用 1960～2000 年的气候资料计算相应多年平均值与标准差。
4. 混凝土有害冻融循环次数是利用 1971～2000 年气候资料计算确定的。

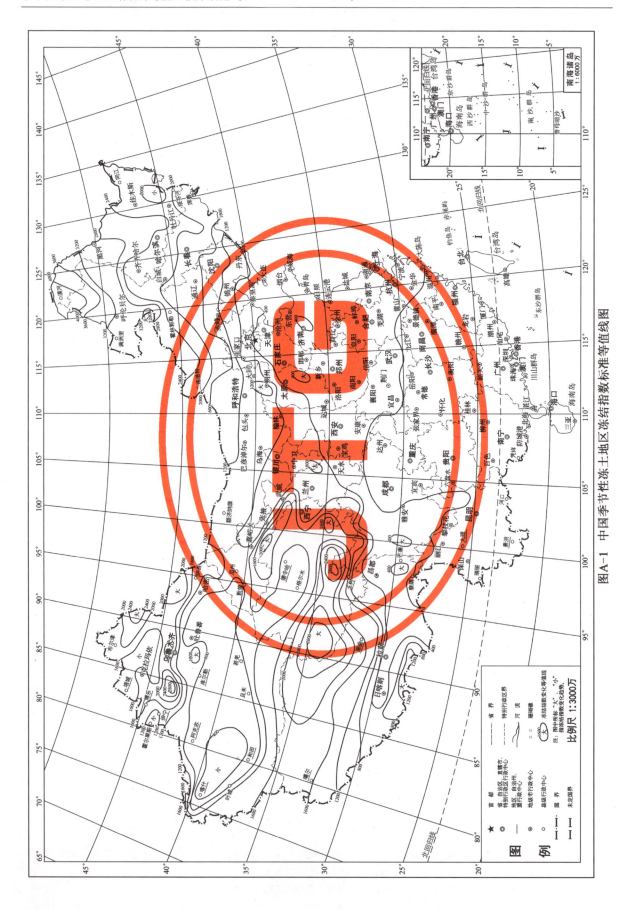

图A-1 中国季节性冻土地区冻结指数标准等值线图

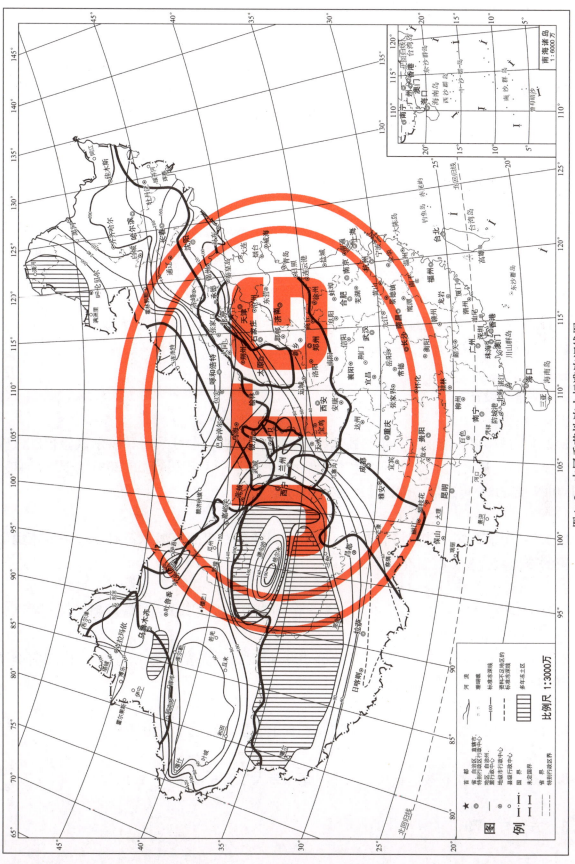

图A-2 中国季节性冻土标准冻深线图

附录 B 沥青混合料抗冻性试验

B.1 目的与适用范围

B.1.1 本方法适用于在规定条件下对沥青混合料进行冻融循环，测定混合料试件在经过数个冻融循环前后的劈裂抗拉强度比，以评价沥青混合料的抗冻性。非经注明，试验温度为25℃，加载速率为50mm/min。

B.1.2 本试验采用马歇尔击实法成型的圆柱体试件，击实次数为双面各50次，集料公称最大粒径不得大于26.5mm。

B.2 仪器和设备

B.2.1 试验机：能保持规定加载速率的材料试验机，也可采用马歇尔试验仪。试验机负荷应满足最大测定荷载不超过其量程的80%且不小于其量程的20%的要求，宜采用40kN或60kN传感器，读数精度为0.01kN。

B.2.2 恒温冰箱：能保持温度为-18℃。当缺乏专用的恒温冰箱时，可采用家用电冰箱的冷冻室代替，控温准确至±2℃。

B.2.3 恒温水槽：用于试件保温，温度范围能满足试验要求，控温准确度为±0.5℃。

B.2.4 压条：上下各一根。试件直径100mm时，压条宽度为12.7mm，内侧曲率半径50.8mm。压条两端均应磨圆。

B.2.5 劈裂试验夹具：下压条固定在夹具上，压条可上下自由活动。

B.2.6 其他：塑料袋、长尺、天平、记录纸及胶皮手套等。

B.3 方法与步骤

B.3.1 按《公路工程沥青及沥青混合料试验规程》（JTG E20—2011）中 T 0702 方

法制作圆柱体试件。用马歇尔击实仪双面击实各50次,试件数目不少于8个。

B.3.2 按《公路工程沥青及沥青混合料试验规程》(JTG E20—2011)的规定方法测定试件的直径及高度,准确至0.1mm。试件尺寸应符合直径101.6mm±0.25mm,高63.5mm±1.3mm的要求。在试件两侧通过圆心画上对称的十字标记。

B.3.3 按《公路工程沥青及沥青混合料试验规程》(JTG E20—2011)规定的方法测定试件的密度、空隙率等各项物理指标。

B.3.4 将试件随机分成两组,每组不少于4个。将第一组试件置于平台上,在室温下保存备用。

B.3.5 将第二组试件按《公路工程沥青及沥青混合料试验规程》(JTG E20—2011)中T 0717标准的饱水试验方法真空饱水,在真空度为97.3～98.7kPa(730～740mmHg)条件下保持15min,然后打开阀门,恢复常压,试件在水中放置0.5h。

B.3.6 取出第二组试件分别放入塑料袋中,加入约10mL水,扎紧袋口,将试件放入恒温冰箱,冷冻温度为-18℃±2℃,保持16h±1h。

B.3.7 将试件取出后,立即放入已保温为60℃±0.5℃恒温水槽中,撤去塑料袋,保持8h±1h,直至试件孔隙内的冰全部融化。此为一个冻融循环。

B.3.8 重复B.3.5、B.3.6、B.3.7的步骤,直至试件冻融5个循环为止。

B.3.9 将第一组试件与经历5次冻融循环后的第二组试件同时浸入温度为25℃±0.5℃的恒温水槽中不少于2h,水温高时可适当加入冷水或冰块调节。保温时试件之间的距离不小于10mm。然后再次按《公路工程沥青及沥青混合料试验规程》(JTG E20—2011)中的规定方法测定试件的直径及高度,准确至0.1mm。测试完成后将两组试件再次浸入温度为25℃±0.5℃的恒温水槽中不少于1h。

B.3.10 取出试件立即按《公路工程沥青及沥青混合料试验规程》(JTG E20—2011)中T 0716用50mm/min的加载速率进行劈裂试验,取得试验的最大荷载。

B.4 计算

B.4.1 劈裂抗拉强度按式(B.4.1-1)和式(B.4.1-2)计算:

$$R_{T1} = \frac{0.63662 P_{T1}}{d_1 \cdot h_1} \tag{B.4.1-1}$$

$$R_{T2} = \frac{0.63662 P_{T2}}{d_2 \cdot h_2} \qquad (B.4.1-2)$$

式中：R_{T1}——未经冻融循环试件的劈裂强度（MPa）；

R_{T2}——经历5次冻融循环试件的劈裂强度（MPa）；

P_{T1}——未经冻融循环试件的试验荷载最大值（N）；

P_{T2}——经历5次冻融循环试件的试验荷载最大值（N）；

h_1——未经冻融循环试件的高度（mm）；

h_2——经历5次冻融循环试件的高度（mm）；

d_1——未经冻融循环试件的直径（mm）；

d_2——经历5次冻融循环试件的直径（mm）。

B.4.2 冻融循环后的劈裂强度比按式（B.4.2）计算：

$$TSR = \frac{\overline{R_{T2}}}{\overline{R_{T1}}} \times 100\% \qquad (B.4.2)$$

式中：TSR——冻融循环后的劈裂强度比；

$\overline{R_{T2}}$——5次冻融循环后有效试件劈裂强度平均值（MPa）；

$\overline{R_{T1}}$——未经冻融循环有效试件劈裂强度平均值（MPa）。

B.5 报告

B.5.1 每组试验的有效试件不得小于3个，取其平均值作为试验结果。当一组测定值中某个数据与平均值之差大于标准差的k倍时，该测定值应予舍弃，并以其余测定值的平均值作为试验结果。当试件数目n为3、4、5、6个时，k值分别为1.15、1.46、1.67、1.82。

B.5.2 试验结果均应注明试件尺寸、成型方法、试验温度、加载速率。

条文说明

本试验方法参照《公路工程沥青及沥青混合料试验规程》（JTG E20—2011）中T 0729—2000沥青混合料冻融劈裂试验，主要区别在于增加冻融循环次数，减少单次循环过程中高温水浴时间，以及对经历5次冻融循环的试件增加直径和高度测试。

附录 C 沥青与集料的低温黏结性试验

C.1 目的与适用范围

C.1.1 本方法适用于评定沥青或改性沥青与集料的低温黏结性能,以规定条件下试验板受冲击后碎石被振落的百分率表示。非经注明,试验温度为 -18℃。

C.2 仪器和材料技术要求

C.2.1 钢板:1块,200mm×200mm,厚2mm,四周边缘有高8mm、宽5mm的密封边框。

C.2.2 钢球:1个,质量500g±1g。

C.2.3 铁架:1个,在距钢板顶面500mm高度处有一小平台,高度可调节。

C.2.4 冰箱。

C.2.5 集料位置固定方格网:铁质方格网,含10×10个方格,用于集料定位。

C.2.6 铁质底座及集料回收槽:用于放置钢板及回收振落集料。

C.3 方法与步骤

C.3.1 按图 C.3.1 将铁架放好,并在铁架下方放置底座,将钢板反扣于底座上,调整铁架平台高度至钢板平面距离为500mm。将铁架及底座调节水平,并使用悬挂圆锥体确定集料回收槽与钢板的位置,钢板的位置应使自铁架平台上落下的钢球恰好跌落在钢板的正中央。此位置调整好后不得移动。

C.3.2 将碎石先用4.75mm、9.5mm道路用标准筛过筛,再使用国标规定的5.6mm、8mm筛过筛,从粒径5.6~8mm碎石中取出接近立方体形状规则的碎石100颗,用洁净水洗净,置温度为105℃±5℃的烘箱中烘干,然后放在干燥器中备用。

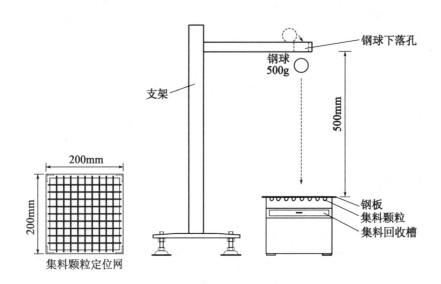

图 C.3.1 沥青与集料低温黏结性试验仪示意图

C.3.3 将200mm×200mm的钢板置于温度为105℃±5℃的烘箱中预热备用。

C.3.4 按《公路工程沥青及沥青混合料试验规程》(JTG E20—2011) 中 T 0602 沥青试样准备方法加热沥青；然后取出钢板，放在平台上，使用水准尺从四个方向控制钢板处于水平状态，立即向钢板中浇灌沥青40g，然后放置在混凝土振动台上高频振动20s，以使沥青在钢板表面形成1mm的均匀薄膜。保持钢板不动置于室温中冷却，使用固定方格网均匀地放上10排，每排10颗，共100颗准备好的碎石。碎石与碎石之间的间距应大体均匀。

C.3.5 将钢板连同摆好的碎石一起，放入60℃烘箱中加热5h，使碎石与沥青有良好的黏结，再放入-18℃的冰箱冷却12h以上。如没有专用的冰箱，可用家用冰箱的冷冻室代替。

C.3.6 从冰箱中取出钢板，按图C.3.1放在铁质底座的表面，将钢板粘有沥青碎石的一面朝下，正对集料回收槽，未粘沥青碎石的面朝上；将钢球置于平台边缘，用手指轻轻一碰，使钢球从铁质平台落下，恰好跌落在钢板反面的中心，观察钢板受钢球冲击振动后碎石被振落的情况。

C.4 计算

C.4.1 计算被振落的集料数量占总集料数量的百分率。

C.5 报告

C.5.1 同一试验平行试验两次，取平均值为试验结果。

条文说明

本试验方法参照《公路工程沥青及沥青混合料试验规程》（JTG E20—2011）中 T 0660—2000 沥青与集料的低温黏结性试验，主要对试验用集料粒径作了更严格的要求。4.75~9.5mm 集料低温黏结性试验结果离散性较大，因此参考《试验筛金属丝编织网、穿孔板和电成型薄板筛孔的基本尺寸》（GB/T 6005—2008），对 4.75~9.5mm 集料采用 5.6mm 与 8mm 标准筛进行了二次筛分，并开展了 5.6~8mm、8~9.5mm 集料的低温黏结性试验研究，最终提出本试验方法。

附录 D 引气水泥混凝土和引气水泥砂浆配合比设计

D.1 引气水泥混凝土配合比设计

D.1.1 引气水泥混凝土配合比设计的具体步骤按《普通混凝土配合比设计规程》（JGJ 55—2011）进行，路面用引气水泥混凝土按《公路水泥混凝土路面施工技术细则》（JTG/T F30—2014）进行。

D.1.2 基本参数应按下列规定确定：
1 引气水泥混凝土的冻融环境等级和混凝土抗冻等级要求应按表4.2.1和表4.3.1确定。
2 引气水泥混凝土的最低强度等级应按表4.3.2-1、表4.3.2-2确定。计算的或利用经验选取的水胶比应满足表4.3.2-1、表4.3.2-2的规定。
3 引气水泥混凝土拌合物含气量应按表4.3.3确定。
4 引气水泥混凝土最小与最大胶凝材料用量应满足表4.3.4的规定。
5 引气水泥混凝土活性矿物掺合料的掺量可按表4.4.2-2确定。
6 引气水泥混凝土的砂率可根据含气量大小较普通水泥混凝土减小1~3个百分点，含气量高时取上限。

D.1.3 应采用体积法计算配合比，并将设计拌合物含气量计入。

D.1.4 应验证浆集比，并符合下列规定：
1 引气混凝土的浆体体积可按式（D.1.4）计算：

$$V_p = \frac{m_w}{\rho_w} + \frac{m_c}{\rho_c} + \frac{m_f}{\rho_f} + \frac{m_k}{\rho_k} + \frac{\alpha}{100} \quad （D.1.4）$$

式中： V_p ——1m³混凝土中浆体体积（m³）；
m_w, m_c, m_f, m_k ——分别为水、水泥、粉煤灰和磨细矿渣的用量（kg/m³）；
$\rho_w, \rho_c, \rho_f, \rho_k$ ——分别为水、水泥、粉煤灰和磨细矿渣的密度（kg/m³）；
α ——引气混凝土拌合物的含气量（%）。

2 引气水泥混凝土的浆体体积应满足表4.3.5的规定。

D.1.5 引气水泥混凝土含气量调整应符合下列规定：

1 引气水泥混凝土拌合物含气量的调整应通过改变引气剂掺量来进行。

2 引气水泥混凝土拌合物含气量低于要求时，允许在原拌合物的基础上增加引气剂的掺量来调整拌合物含气量。在调整一次引气剂掺量后，拌合物含气量仍不能满足要求时，则应将该拌合物废弃，重新配料并再次调整引气剂掺量，直至拌合物含气量满足要求。

3 引气水泥混凝土拌合物含气量高于要求时，应将该拌合物废弃，重新配料并适当减少引气剂掺量，直至拌合物含气量满足要求。

4 对掺速凝剂的喷射引气水泥混凝土，应控制硬化后水泥混凝土的气泡间距系数，并满足表4.3.3的规定。喷射引气水泥混凝土用引气剂应事先溶于水中，不得以干粉状加入。

D.1.6 引气水泥混凝土抗冻性检验应符合下列规定：

1 应在和易性、拌合物含气量、强度合格的基础上进行抗冻性检验。抗冻性检验时，拌合物含气量应在设计值的基础上增加、减少0.5~1.0个百分点，试配3组水泥混凝土。试配 C_a40 及其以上引气水泥混凝土时，水胶比可根据拌合物含气量增减适当减少、增大0.02~0.03，强度高时取上限。

2 当抗冻性不满足要求时，应采取增大拌合物含气量和减小水胶比的措施，直至抗冻性满足要求，并选择同时满足强度和抗冻性要求，且经济合理的配合比作为试验室配合比。

D.2 引气水泥砂浆配合比设计

D.2.1 基本参数应按下列规定确定：

1 根据冻融环境等级，按表4.2.1和表4.3.6确定引气水泥砂浆的抗冻等级、最低强度等级、最大水胶比、最大胶砂比和拌合物含气量。

2 应根据水泥砂浆稠度大小按表D.2.1确定用水量。

表 D.2.1 引气水泥砂浆参考用水量（稠度40~60mm）

项　　目	粗砂	中砂	细砂
用水量（kg/m³）	270	280	310
稠度±10mm	用水量±（8~10kg/m³）		

3 按表4.4.2-2确定引气水泥砂浆的矿物掺合料掺量。

D.2.2 引气水泥砂浆的水泥用量、矿物掺合料用量和砂用量应按下列规定确定：

1 引气水泥砂浆的胶凝材料用量和砂用量按式（D.2.2-1）计算：

$$\begin{cases} \dfrac{m_w}{\rho_w} + \dfrac{m_b(1-\beta_f)}{\rho_c} + \dfrac{m_b\beta_f}{\rho_f} + \dfrac{m_s}{\rho_s} + \dfrac{\alpha}{100} = 1 \\ \dfrac{m_b}{m_s} = x \end{cases} \quad (\text{D.2.2-1})$$

式中：m_s——1 m³ 引气水泥砂浆中砂的质量（kg）；

m_w，m_b——分别为水、胶凝材料的用量（kg/m³）；

ρ_w，ρ_c，ρ_f——分别为水、水泥、矿物掺合料的密度（kg/m³）；

ρ_s——砂的表观密度（kg/m³）；

α——引气水泥砂浆拌合物的含气量（%）；

β_f——矿物掺合料掺量（%）；

x——胶砂比。

2 引气水泥砂浆的水泥用量和矿物掺合料用量分别按式（D.2.2-2）、式（D.2.2-3）计算：

$$m_c = m_b(1-\beta_f) \quad (\text{D.2.2-2})$$

$$m_f = m_b\beta_f \quad (\text{D.2.2-3})$$

式中：m_c，m_f——分别为水泥、矿物掺合料的用量（kg/m³）。

D.2.3 应验证引气水泥砂浆的水胶比，并符合表4.3.6的规定。

D.2.4 引气水泥砂浆拌合物含气量调整应符合下列规定：

1 引气水泥砂浆拌合物含气量的调整应通过改变引气剂掺量来进行。

2 当引气水泥砂浆拌合物含气量低于要求时，允许在原拌合物的基础上增加引气剂的掺量来调整拌合物含气量。在调整一次引气剂掺量后，拌合物含气量仍不能满足要求时，则应将该拌合物废弃，重新配料并再次调整引气剂掺量，直至拌合物含气量满足要求。

3 引气水泥砂浆拌合物含气量高于要求时，应将该拌合物废弃，重新配料并适当减少引气剂掺量，直至拌合物含气量满足要求。

D.2.5 引气水泥砂浆强度检验试配与调整应符合下列规定：

1 引气水泥砂浆强度检验试配时至少应采用3个不同的配合比，其中一个应为D.2.4确定的配合比，其余两个配合比的用水量、砂用量不变，水胶比应分别增加及减少0.05。

2 以稠度、含气量及28d龄期抗压强度均满足设计要求者作为选定的配合比。

D.2.6 对选定的配合比可按下列步骤进行校正：

1 应根据第 D.2.5 条确定的引气水泥砂浆配合比材料用量，按下式计算引气水泥砂浆的理论表观密度值：

$$\rho_t = m_w + m_c + m_f + m_s \quad (D.2.6-1)$$

式中：ρ_t——砂浆的理论表观密度值（kg/m³），精确至 10kg/m³。

2 按下式计算引气水泥砂浆配合比校正系数 δ：

$$\delta = \frac{\rho_t}{\rho_0} \quad (D.2.6-2)$$

式中：ρ_t，ρ_0——分别为引气水泥砂浆的理论表观密度、实测表观密度值（kg/m³），精确至 10kg/m³。

D.2.7 引气水泥砂浆抗冻性检验应符合下列规定：

1 应在和易性、拌合物含气量、强度合格的基础上进行抗冻性检验。抗冻性检验时，拌合物含气量应在设计值的基础上分别增加、减少 1 个百分点，试配 3 组砂浆。

2 当抗冻性不满足要求时，应采取增大拌合物含气量，并适当减小水胶比、胶砂比或活性矿物掺合料掺量，直至抗冻性满足要求。选择同时满足强度和抗冻性，且经济性合理的配合比作为试验室配合比。

附录 E 现场水泥混凝土拌合物含气量试验（体积密度法）

E.1 目的与适用范围

E.1.1 本方法适用于测定水泥混凝土拌合物的含气量。当施工现场不具备混凝土拌合物含气量测定仪时，可参照本方法测试混凝土拌合物的含气量。

E.2 仪器设备要求

E.2.1 容量筒：金属制成的圆筒，两旁装有提手。对粗集料最大粒径不大于40mm的拌合物采用5L容量筒，其内径与内高均为186mm±2mm，筒壁厚为3mm；粗集料最大粒径大于40mm时，容量筒的内径与内高均应大于集料最大粒径的4倍。容量筒上缘及内壁应光滑平整，顶面与底面应平行并与圆柱体的轴垂直。容量筒容积应予以标定。标定时另需一块能覆盖住容量筒顶面的玻璃板，厚度6mm。先称量玻璃板和空筒的质量；然后向容量筒中灌入清水，当水接近上口时，一边加水，一边把玻璃板沿筒口徐徐推入盖严，应注意使玻璃板下不带入任何气泡。擦净玻璃板面及筒壁外的水，将容量筒连同玻璃板放在台秤上称其质量。两次质量差即为容量筒的容积（L）。

E.2.2 台秤：量程20kg，感量1g。

E.2.3 振动台：应符合现行《混凝土试验用振动台》（JG/T 245）中技术要求的规定。

E.2.4 捣棒：应符合现行《混凝土坍落度仪》（JG/T 248）中有关技术要求的规定。

E.2.5 橡胶锤：质量为250g±10g。

E.3 测定基准混凝土拌合物的体积密度

E.3.1 基准混凝土拌合物采用与现场待检混凝土相同的原材料和配合比拌制，但不使用引气剂或引气减水剂。

E.3.2 用湿布将容量筒内外擦干净，称出容量筒质量 m_1，精确至 1g。

E.3.3 混凝土的装料及捣实方法应根据拌合物的坍落度而定。坍落度不大于 70mm 的混凝土，宜用振动台振实。采用振动台振实时，应一次将混凝土拌合物灌到高出容量筒筒口。装料时可用捣棒稍加插捣，振动过程中如混凝土低于筒口，应随时添加混凝土，振动直至表面出浆为止。坍落度大于 70mm 的混凝土，宜用捣棒捣实。采用捣棒捣实时，应根据容量筒的大小决定分层与插捣次数：用 5L 容量筒时，混凝土拌合物应分两层装入，每层的插捣次数应为 25 次；用大于 5L 容量筒时，每层混凝土的高度不应大于 100mm，每层插捣次数应按每 10 000mm^2 截面不少于 12 次计算。各层插捣时应由边缘向中心均匀地插捣，插捣底层时捣棒应贯穿整个深度，插捣第二层时，捣棒应插透本层至下一层的表面；每一层捣完后用橡胶锤轻轻沿容器外壁敲打 5~10 次，进行振实，直至拌合物表面插捣孔消失并不见 2mm 以上气泡为止。如施工现场不具备振动台，对拌合物坍落度不大于 70mm 的混凝土也可采用插捣方式振实。但需注意，每层插捣后还应在坚实地面上，将捣棒垫于容量筒底部中间，以每秒 1 次的速度左右振动容量筒 30 次。

E.3.4 用刮尺将筒口多余的混凝土拌合物刮去，表面如有凹陷应填平；将容量筒外壁擦净，称出混凝土试样与容量筒总质量 m_2，精确至 1g。

E.3.5 基准混凝土拌合物的体积密度应按式（E.3.5）计算，试验结果的计算精确至 1kg/m^3。

$$\rho_h = \frac{100(m_2 - m_1)}{(100 - \alpha)V} \quad (E.3.5)$$

式中：ρ_h——基准混凝土拌合物的体积密度（kg/m^3）；
　　　m_1——容量筒质量（kg）；
　　　m_2——容量筒和试样总质量（kg）；
　　　V——容量筒体积（L）；
　　　α——基准混凝土拌合物含气量（%）。如试验室备有混凝土含气量测定仪，则 α 取实测值［测试方法详见现行《普通混凝土拌合物性能试验方法标准》（GB/T 50080）］；如无法获得实测值，α 取 1。

E.4 测定现场待检混凝土拌合物的体积密度

E.4.1 按照本方法第 E.3.2~E.3.4 条所述的步骤测定待检混凝土拌合物的体积密度。

E.4.2 待检混凝土拌合物的体积密度应按式（E.4.2）计算，试验结果的计算精确至 $1\text{kg}/\text{m}^3$。

$$\rho'_h = \frac{m_4 - m_3}{V} \tag{E.4.2}$$

式中：ρ'_h——待检混凝土拌合物的体积密度（kg/m^3）；
　　　m_3——容量筒质量（kg）；
　　　m_4——容量筒和试样总质量（kg）；
　　　V——容量筒体积（L）。

E.5 计算待检混凝土拌合物的含气量

E.5.1 待检混凝土拌合物的含气量应按式（E.5.1）计算：

$$A = \left(1 - \frac{\rho'_h}{\rho_h}\right) \times 100\% \tag{E.5.1}$$

式中：A——待检混凝土拌合物的含气量；
　　　ρ_h——基准混凝土拌合物的体积密度（kg/m^3）；
　　　ρ'_h——待检混凝土拌合物的体积密度（kg/m^3）。

E.5.2 以两次试验值的平均值作为试验结果。如两次拌合物含气量测试值相差超过 0.5 个百分点及其以上，应找出原因，重做试验。

条文说明

引气后，水泥混凝土的体积密度降低，通过测定引气水泥混凝土和基准水泥混凝土的体积密度，可计算得到引气水泥混凝土拌合物的含气量。本试验方法参照《普通混凝土拌合物性能试验方法标准》（GB/T 50080—2002）和《公路工程水泥及水泥混凝土试验规程》（JTG E30—2005）中 T 0525—2005 水泥混凝土拌合物的表观密度试验方法，提出水泥混凝土拌合物含气量的现场测试和计算方法，供现场不具备水泥混凝土含气量测定仪时进行水泥混凝土拌合物含气量的测定。

本规范用词用语说明

1 本规范执行严格程度的用词，采用下列写法：

1）表示很严格，非这样做不可的用词，正面词采用"必须"，反面词采用"严禁"；

2）表示严格，在正常情况下均应这样做的用词，正面词采用"应"，反面词采用"不应"或"不得"；

3）表示允许稍有选择，在条件许可时首先应这样做的用词，正面词采用"宜"，反面词采用"不宜"；

4）表示有选择，在一定条件下可以这样做的用词，采用"可"。

2 引用标准的用语采用下列写法：

1）在标准总则中表述与相关标准的关系时，采用"除应符合本规范的规定外，尚应符合国家和行业现行有关标准的规定"。

2）在标准条文及其他规定中，当引用的标准为国家标准和行业标准时，表述为"应符合《××××××》（×××）的有关规定"。

3）当引用本标准中的其他规定时，表述为"应符合本规范第×章的有关规定"、"应符合本规范第×.×节的有关规定"、"应符合本规范第×.×.×条的有关规定"或"应按本规范第×.×.×条的有关规定执行"。

公路工程现行标准、规范、规程、指南一览表

(2017年6月)

序号	类别	编　　号	书名(书号)	定价(元)
1	基础	JTG A02—2013	公路工程行业标准制修订管理导则(10544)	15.00
2		JTG A04—2013	公路工程标准编写导则(10538)	20.00
3		JTJ 002—87	公路工程名词术语(0346)	22.00
4		JTJ 003—86	公路自然区划标准(0348)	16.00
5		JTG B01—2014	★公路工程技术标准(活页夹版,11814)	98.00
6		JTG B01—2014	★公路工程技术标准(平装版,11829)	68.00
7		JTG B02—2013	公路工程抗震规范(11120)	45.00
8		JTG/T B02-01—2008	公路桥梁抗震设计细则(13318)	45.00
9		JTG B03—2006	公路建设项目环境影响评价规范(13373)	40.00
10		JTG B04—2010	公路环境保护设计规范(08473)	28.00
11		JTG B05—2015	★公路项目安全性评价规范(12806)	45.00
12		JTG B05-01—2013	公路护栏安全性能评价标准(10992)	30.00
13		JTG B06—2007	公路工程基本建设项目概算预算编制办法(06903)	26.00
14		JTG/T B06-01—2007	★公路工程概算定额(06901)	110.00
15		JTG/T B06-02—2007	★公路工程预算定额(06902)	138.00
16		JTG/T B06-03—2007	★公路工程机械台班费用定额(06900)	24.00
17		交通部定额站2009版	公路工程施工定额(07864)	78.00
18		JTG/T B07-01—2006	公路工程混凝土结构防腐蚀技术规范(13592)	30.00
19		交通部2007年第30号	国家高速公路网相关标志更换工作实施技术指南(1124)	58.00
20		交通部2007年第35号	收费公路联网收费技术要求(1126)	62.00
21		交通运输部2015年第40号	★收费公路联网收费多义性路径识别技术要求(12484)	40.00
22		JTG B10-01—2014	公路电子不停车收费联网运营和服务规范(11566)	30.00
23		交通运输部2011年	公路工程项目建设用地指标(09402)	36.00
24	勘测	JTG C10—2007	★公路勘测规范(06570)	40.00
25		JTG/T C10—2007	★公路勘测细则(06572)	42.00
26		JTG C20—2011	公路工程地质勘察规范(09507)	65.00
27		JTG/T C21-01—2005	公路工程地质遥感勘察规范(0839)	17.00
28		JTG/T C21-02—2014	公路工程卫星图像测绘技术规程(11540)	25.00
29		JTG/T C22—2009	公路工程物探规程(1311)	28.00
30		JTG C30—2015	★公路工程水文勘测设计规范(12063)	70.00
31	设计	公路	JTG D20—2006	★公路路线设计规范(0996)	38.00
32			JTG/T D21—2014	公路立体交叉设计细则(11761)	60.00
33			JTG D30—2015	★公路路基设计规范(12147)	98.00
34			JTG/T D31—2008	沙漠地区公路设计与施工指南(1206)	32.00
35			JTG/T D31-02—2013	★公路软土地基堤设计与施工技术细则(10449)	40.00
36			JTG/T D31-03—2011	★采空区公路设计与施工技术细则(09181)	40.00
37			JTG/T D31-04—2012	多年冻土地区公路设计与施工技术细则(10260)	40.00
38			JTG/T D31-05—2017	黄土地区公路路基设计与施工技术规范(13994)	50.00
39			JTG/T D31-06—2017	季节性冻土地区公路设计与施工技术规范(13981)	45.00
40			JTG/T D32—2012	★公路土工合成材料应用技术规范(09908)	42.00
41			JTG D40—2011	★公路水泥混凝土路面设计规范(09463)	40.00
42			JTG D50—2017	★公路沥青路面设计规范(13760)	50.00
43			JTG/T D33—2012	公路排水设计规范(10337)	40.00
44		桥隧	JTG D60—2015	★公路桥涵设计通用规范(12506)	40.00
45			JTG/T D60-01—2004	公路桥梁抗风设计规范(13804)	40.00
46			JTG D61—2005	公路圬工桥涵设计规范(13355)	30.00
47			JTG D62—2004	公路钢筋混凝土及预应力混凝土桥涵设计规范(05052)	48.00
48			JTG D63—2007	公路桥涵地基与基础设计规范(06892)	48.00
49			JTG D64—2015	★公路钢结构桥梁设计规范(12507)	80.00
50			JTG D64-01—2015	公路钢混组合桥梁设计与施工规范(12682)	45.00
51			JTG/T D65-01—2007	公路斜拉桥设计细则(1125)	28.00
52			JTG/T D65-04—2007	公路涵洞设计细则(06628)	26.00
53			JTG/T D65-05—2015	公路悬索桥设计规范(12674)	55.00
54			JTG/T D65-06—2015	公路钢管混凝土拱桥设计规范(12514)	40.00
55			JTG D70—2004	公路隧道设计规范(05180)	50.00
56			JTG/T D70—2010	★公路隧道设计细则(08478)	66.00
57			JTG D70/2—2014	公路隧道设计规范 第二册 交通工程与附属设施(11543)	50.00

续上表

序号	类别		编号	书名(书号)	定价(元)
58	设计	桥隧	JTG/T D70/2-01—2014	公路隧道照明设计细则(11541)	35.00
59			JTG/T D70/2-02—2014	公路隧道通风设计细则(11546)	70.00
60		交通工程	JTG D80—2006	高速公路交通工程及沿线设施设计通用规范(0998)	25.00
61			JTG D81—2006	★公路交通安全设施设计规范(0977)	25.00
62			JTG/T D81—2006	★公路交通安全设施设计细则(12609)	50.00
63			JTG D82—2009	公路交通标志和标线设置规范(07947)	116.00
64		综合	交公路发[2007]358号	公路工程基本建设项目设计文件编制办法(06746)	26.00
65			交公路发[2007]358号	公路工程基本建设项目设计文件图表示例(06770)	600.00
66			交公路发[2015]69号	公路工程特殊结构桥梁项目设计文件编制办法(12455)	30.00
67	检测		JTG E20—2011	公路工程沥青及沥青混合料试验规程(09468)	106.00
68			JTG E30—2005	公路工程水泥及水泥混凝土试验规程(13319)	55.00
69			JTG E40—2007	★公路土工试验规程(06794)	79.00
70			JTG E41—2005	公路工程岩石试验规程(13351)	30.00
71			JTG E42—2005	公路工程集料试验规程(13353)	50.00
72			JTG E50—2006	★公路工程土工合成材料试验规程(13398)	40.00
73			JTG E51—2009	公路工程无机结合料稳定材料试验规程(08046)	60.00
74			JTG E60—2008	公路路基路面现场测试规程(07296)	38.00
75			JTG/T E61—2014	公路路面技术状况自动化检测规程(11830)	25.00
76	施工	公路	JTG F10—2006	公路路基施工技术规范(06221)	50.00
77			JTG/T F20—2015	★公路路面基层施工技术细则(12367)	45.00
78			JTG/T F30—2014	公路水泥混凝土路面施工技术细则(11244)	60.00
79			JTG/T F31—2014	公路水泥混凝土路面再生利用技术细则(11360)	30.00
80			JTG F40—2004	★公路沥青路面施工技术规范(05328)	50.00
81			JTG F41—2008	公路沥青路面再生技术规范(07105)	25.00
82		桥隧	JTG/T F50—2011	★公路桥涵施工技术规范(09224)	110.00
83			JTG/T F81-01—2004	公路工程基桩动测技术规程(0783)	20.00
84			JTG F60—2009	公路隧道施工技术规范(07992)	42.00
85			JTG/T F60—2009	公路隧道施工技术细则(07991)	58.00
86		交通	JTG F71—2006	★公路交通安全设施施工技术规范(13397)	30.00
87			JTG/T F72—2011	公路隧道交通工程与附属设施施工技术规范(09509)	35.00
88	质检安全		JTG F80/1—2004	公路工程质量检验评定标准 第一册 土建工程(05327)	46.00
89			JTG F80/2—2004	公路工程质量检验评定标准 第二册 机电工程(05325)	40.00
90			JTG G10—2016	公路工程施工监理规范(13275)	40.00
91			JTG F90—2015	★公路工程施工安全技术规范(12138)	68.00
92	养护管理		JTG H10—2009	公路养护技术规范(08071)	49.00
93			JTJ 073.1—2001	公路水泥混凝土路面养护技术规范(13658)	20.00
94			JTJ 073.2—2001	公路沥青路面养护技术规范(13677)	20.00
95			JTG H11—2004	公路桥涵养护规范(05025)	30.00
96			JTG H12—2015	公路隧道养护技术规范(12062)	60.00
97			JTG H20—2007	公路技术状况评定标准(13399)	25.00
98			JTG/T H21—2011	★公路桥梁技术状况评定标准(09324)	46.00
99			JTG H30—2015	公路养护安全作业规程(12234)	90.00
100			JTG H40—2002	公路养护工程预算编制导则(0641)	9.00
101	加固设计与施工		JTG/T J21—2011	公路桥梁承载能力检测评定规程(09480)	20.00
102			JTG/T J21-01—2015	公路桥梁荷载试验规程(12751)	40.00
103			JTG/T J22—2008	公路桥梁加固设计规范(07380)	52.00
104			JTG/T J23—2008	公路桥梁加固施工技术规范(07378)	30.00
105	改扩建		JTG/T L11—2014	高速公路改扩建设计细则(11998)	45.00
106			JTG/T L80—2014	高速公路改扩建交通工程及沿线设施设计细则(11999)	30.00
107	造价		JTG M20—2011	公路工程基本建设项目投资估算编制办法(09557)	30.00
108			JTG/T M21—2011	公路工程估算指标(09531)	110.00
1	技术指南		交公便字[2006]02号	公路工程水泥混凝土外加剂与掺合料应用技术指南(0925)	50.00
2			厅公路字[2006]418号	公路安全保障工程实施技术指南(1034)	40.00
3			交公便字[2009]145号	公路交通标志和标线设置手册(07990)	165.00

注:JTG——公路工程行业标准体系;JTG/T——公路工程行业推荐性标准体系;JTJ——仍在执行的公路工程原行业标准体系。
批发业务电话:010-59757973;零售业务电话:010-85285659(北京);网上书店电话:010-59757908;业务咨询电话:010-85285922。带"★"的表示有勘误,详见中国交通运输标准服务平台 www.yuetong.cn/bzfw。